Elżbieta Ettinger
HANNAH ARENDT
MARTIN HEIDEGGER

SERIE PIPER
Band 1904

Zu diesem Buch

Als sich Hannah Arendt und Martin Heidegger 1924 zum ersten Mal begegneten, war sie eine achtzehnjährige Studentin der Philosophie, er Privatdozent an der Marburger Universität und verheiratet. Die leidenschaftliche Liebesbeziehung, die sich zwischen ihnen spontan entwickelte, ist offiziell meist verschwiegen, oft nur angedeutet, aber vielfach mit Spekulationen belegt worden. Elżbieta Ettinger hat Einsicht in noch nicht veröffentlichte Quellen, darunter den Briefwechsel Arendt-Heidegger, nehmen können und beschreibt die Geschichte einer einmaligen, komplexen, widersprüchlichen und für beide existentiell bedeutsamen Beziehung, die die Tragik einer »unmöglichen« Liebe hatte und dennoch ein Leben lang halten sollte.

Elżbieta Ettinger, geboren in Warschau. Studium der Anglistik und Politischen Wissenschaften in Warschau, Dr. phil., lehrt heute Rhetorik und Literaturwissenschaften am Massachusetts Institute of Technology in Cambridge, Mass. Veröffentlichte zuletzt die Biographie »Rosa Luxemburg, ein Leben« (Dietz-Verlag, 1990) u. a.

Elżbieta Ettinger

HANNAH ARENDT
MARTIN HEIDEGGER

Eine Geschichte

Aus dem Amerikanischen von
Brigitte Stein

Piper
München Zürich

ISBN 3-492-11904-2
Originalausgabe
Juli 1995

Umschlag: Federico Luci
Photo von Hannah Arendt, von 1924:

Photo von Martin Heidegger, ca. 1930:

Gesamtherstellung: Clausen & Bosse, Leck
Printed in Germany

Für meine Tochter Maia Ettinger
und für ihren Vater Manfred Lachs

Inhalt

Vorwort

Hannah Arendt und Martin Heidegger begegneten sich 1924, als Arendt an der Universität Marburg Philosophie zu studieren begann und Heideggers Vorlesungen hörte. Ihre Beziehung (ein Wort, das der Bedeutung ihrer Bindung nur mangelhaft gerecht wird) sollte ein halbes Jahrhundert dauern. Was als leidenschaftliche Liebesgeschichte begann, machte im Laufe der Jahre viele Wandlungen durch. Zu sagen, daß letztlich eine Freundschaft daraus wurde, heißt, gleichzeitig zuviel und zu wenig zu sagen; aber wahrscheinlich hätten Arendt und Heidegger es genauso formuliert. Die Unmöglichkeit, ihre Gefühle zu definieren, hat Arendt selbst am besten ausgedrückt, als sie ihm in einer nicht abgeschickten Notiz gestand, daß er der Mann sei, »dem ich die Treue gehalten habe und nicht gehalten habe, und beides in Liebe«.[1] Sie war damals 54 Jahre alt, er war über 70.

Grob gesehen läßt sich die Beziehung in drei Phasen teilen: 1. die Phase als Liebespaar: von 1925 bis etwa 1930; 2. die Phase, als ihrer beider Leben sich durch den Nationalsozialismus und den Krieg grundlegend veränderte: Anfang der dreißiger Jahre bis 1950; und 3. die Phase, als sie auf Arendts Initiative die alte Verbindung wiederaufnahmen und eine Beziehung wiederbelebten oder vielmehr neu aufbauten: von 1950 bis zum Tode Hannah Arendts im Jahr 1975.

Vom Beginn bis zum Ende war jeder der beiden an den andern auf so unterschiedliche Weise gebunden, wie sich ihr Leben, ihre Bedürfnisse und Persönlichkeiten voneinander unterschieden. Die achtzehnjährige Hannah brauchte Liebe, Schutz und Orientierungshilfe. Im Alter von sieben Jahren durch den Tod ihres Vaters, der langsam an Syphilis zugrunde gegangen war, Halbwaise geworden, hatte sie außerdem kurz zuvor auch ihren Großvater väterlicherseits verloren, an dem sie sehr hing. Ihre heißgeliebte Mutter war häufig auf Reisen, und jedesmal ängstigte sich das Mädchen, ob sie auch wieder zurückkommen würde. Als Hannah dreizehn war, heiratete Martha Arendt wieder; fortan mußte Hannah sie nicht nur mit einem Mann teilen, der ein Fremder für sie blieb, sondern auch mit zwei älteren Stiefschwestern, die ihrer Mutter nahestanden, nicht jedoch ihr. Die Welt war für sie ein verwirrender Ort, wo sie sich verloren, ungeschützt und hilflos fühlte. Doch schaffte sie es immer, eine tapfere Fassade aufrechtzuerhalten. »Der blödsinnige, von Jugend anerzogene Zwang«, schrieb sie 1945 an ihren Mann, Heinrich Blücher, »vor aller Welt... immer so zu tun, als ob alles immer in bester Ordnung ist, [kostet] den besten Teil meiner Kraft«[2]. In Heidegger fand sie einen Geliebten, Freund und Beschützer. Er versprach ihr, sie für immer zu lieben, für sie zu sorgen und ihr den Weg zu zeigen. Dieses eine Mal gab sie ausnahmsweise ihre Abwehrhaltung auf: In einem Bekenntnis, das sie »Die Schatten« nannte, schilderte sie ihm die Schrecken ihrer Kindheit und Jugend, ihre Unsicherheit und Verletzbarkeit.

Der 35jährige Heidegger, verheiratet und Vater von zwei kleinen Jungen, vollendete, als sich die beiden begegneten, gerade »Sein und Zeit«, das Werk, mit dem er sich unter die führenden Philosophen des 20. Jahrhunderts einreihte. Er verliebte sich in seine junge Studentin in dem Augenblick, in dem er sie in seinem Hörsaal sah. Und auch wenn sich seine Leidenschaft im Lauf der Zeit abkühlte, galt dies doch nicht für sein Bedürfnis, Hannahs Idol zu sein. Bis zu seiner Begegnung mit ihr hatte Heidegger, Sohn frommer katholischer Bauern und selbst ein strenger, rigider und hart arbeitender Mann, wenig von echter Leidenschaft, von körperlicher und seelischer Bindung gewußt. Er brauchte Hannah, um tiefer zu erleben, um sich zu freuen, lebendig zu sein, und um in einer Atmosphäre zu schaffen, die von ihrer Anwesenheit beflügelt war.

Trotz der Hindernisse – unter denen Heideggers Familie und seine Position am schwersten wogen – hielt das Gefühl, daß sie einander brauchten, bei beiden die ganze erste Phase ihrer Beziehung hindurch an. Dieses Gefühl verschwand nie völlig; die

Glut verwandelte sich nie in Asche, obwohl die folgenden siebzehn Jahre die ganze Welt, ihr eigenes persönliches Leben und vor allem sie beide tiefgreifend veränderten.

Hannah Arendt verließ Deutschland im August 1933, drei Monate, nachdem Heidegger zum Rektor der Albert-Ludwigs-Universität in Freiburg ernannt worden, der NSDAP beigetreten war und seine berüchtigte Rektoratsrede gehalten hatte, in der er sich mit der Ideologie der herrschenden Partei identifizierte und diese unterstützte. Obwohl Arendt bereits vorher an Emigration gedacht hatte und vorübergehend von der Polizei festgenommen worden war, ist nicht auszuschließen, daß Heideggers Ergebenheitsadresse an Adolf Hitler ihr die letzten Illusionen raubte, die sie noch gehegt haben mochte, und daß dies ihren Entschluß besiegelte. Von da an hat sie den deutschen Intellektuellen vor allem und in erster Linie stets vorgehalten, daß sie Hitler unterstützt und die westliche Kultur verraten hätten, und hat ihnen ihre Blindheit und Feigheit vorgeworfen.

Für Arendt, die in einer völlig assimilierten sozialdemokratischen Familie aufwuchs, beschränkte sich die »jüdische Frage« auf Hänseleien durch Gassenkinder, ihre Mitschüler oder eine gelegentliche antisemitische Bemerkung eines Lehrers. Ihre Mutter ließ sie sich nur gegenüber den Kindern allein behaupten und knöpfte sich ihrerseits die Lehrer vor. Von früher Kindheit an wußte Hannah, hauptsächlich aufgrund ihres ausgeprägt jüdischen Aussehens, daß sie anders war, aber ihre jüdische Identität spielte keine Rolle in ihrem Leben, bis das, als Arendt Mitte zwanzig war, zu einer politischen Frage wurde. Die Entwicklung ihrer wissenschaftlichen Interessengebiete mag einen Hinweis auf die Veränderung liefern, die sie durchmachte: von Augustinus, über den sie promoviert hatte, ging sie geradewegs zu Rahel Varnhagen über. Die deutsche Jüdin Rahel Varnhagen, geborene Levin (1771–1833), war berühmt für ihren intellektuellen Salon, aber was Arendt eigentlich faszinierte, das waren die Erniedrigungen und Beleidigungen, die Rahel als Jüdin erlitt. Ihre Recherchen für Varnhagens Biographie trugen dazu bei, daß sie sich nun permanent mit den tieferen Ursachen des Antisemitismus, mit der jüdischen Geschichte und ihrem eigenen Platz darin beschäftigte.

Während Heidegger seine schöpferischen Kräfte für die Sache des Nationalsozialismus einsetzte, vollendete Arendt im Exil die Varnhagen-Biographie, arbeitete für die Jugend-Aliyah – eine Organisation, die jüdische Jugendliche für die landwirtschaftliche Arbeit in Palästina ausbildete – und sammelte daneben Material für ihr späteres Werk »The Origins of Totalitarianism« (»Elemente und Ursprünge totaler Herrschaft«), das sich zu einem erheblichen Teil ebenfalls mit dem Antisemitismus auseinandersetzte. So wie Heidegger in seiner Frau, Elfride, eine politisch gleichdenkende Gefährtin fand, so lernte Arendt 1936 Heinrich Blücher kennen, ihren zweiten Mann (ihre 1929 geschlossene Ehe mit Günther Stern endete 1937), der ihr Gefährte und sicherer Hafen bis zu seinem Tod im Jahr 1970 wurde.

Als Arendt 1950 erneut mit Heidegger zusammentraf (zu diesem Zeitpunkt war das Ausmaß seiner Kollaboration mit dem Nazi-Regime noch weitgehend unbekannt), kehrten sich ihre Rollen um. Sein Lehrverbot, sein fünf Jahre dauernder Kampf um Rehabilitation und vor allem der Zusammenbruch seiner Hoffnungen, Deutschland zu »erneuern« und vor dem Ansturm der Technik, der Dekadenz und des Kommunismus zu erretten, hatten Heidegger zwar verbittert und enttäuscht, aber nicht bußfertig gemacht. Er hieß Arendt mit echter Freude willkommen. Allerdings: daß sie so lange getrennt gewesen waren, war, ebenso wie Arendts Entsetzen über seinen erklärten Antisemitismus und sein späteres Eintreten für die Nationalsozialisten, nicht gerade von Vorteil für ihr Wiedersehen. Dennoch kam sie und hörte ihn an, und es gelang ihm, sie zu überzeugen, daß die gegen ihn erhobenen Beschuldigungen nichts als Verleumdungen seien. Jetzt brauchten sie sich gegenseitig, um die Kluft zu überbrücken, welche die Vergangenheit von der Gegenwart trennte, und um die unterbrochene Kontinuität in ihrem Leben wiederherzustellen. Für Arendt war es eine Rückkehr zu ihrem Freund und Mentor, zu dem Mann, den sie einst geliebt hatte und immer noch liebte, wenn auch anders als früher. Heidegger bedurfte ihrer Verzeihung, denn sie sprach ihn von der Anklage des Antisemitismus frei und stellte sein Vertrauen in die Tragfähigkeit seiner moralischen Prinzipien wieder her; sie sollte ihm – gegenüber der Öffentlichkeit und insbesondere gegenüber Karl Jaspers, seinem ehemaligen nahen Freund und jetzigen Freund Arendts – als Goodwill-Botschafterin dienen. Da er sie inzwischen von seiner Unschuld oder zumindest seinen guten Absichten überzeugt hatte, würde sie ihn gegen die in ihren Augen unbegründeten Beschuldigungen verteidigen. Arendts Mann Heinrich Blücher, der Heidegger bewunderte, unterstützte ihr Eintreten für ihn, da er ebenso wie Arendt glaubte, es komme einzig und allein darauf an, daß Heidegger in Ruhe und Frieden seine Arbeit fortsetzen könne.

So blieben ihre Lebensläufe während der nächsten fünfundzwanzig Jahre miteinander verflochten. Sie besuchte ihn so oft, wie er es gestattete, wobei sie nicht ganz zu Recht davon überzeugt war, sie allein kenne und verstehe ihn und deshalb könne nur sie seine Depressionen lindern und ihm helfen, den Seelenfrieden, den er für seine Arbeit brauchte, wiederzufinden. Heidegger hielt sie über seine Schriften und Vorträge auf dem laufenden, und sie bat ihn ihrerseits um seinen Rat in philosophischen Fragen, wobei sie nicht selten den Dank betonte, den sie ihrem Mentor schuldete. Ein häufig wiederkehrender Satz in ihren Briefen an ihn lautete, ihr Denken hätte sich nicht so entwickelt, wie es geschah, »...ohne das, was ich in der Jugend bei Dir gelernt habe...«[3]. Er inspirierte ihr Denken und hielt die klassischen Philosophen, ihre wichtigsten Lehrer, für sie lebendig und ihr nahe. Beide verband auch eine intensive Freude an denselben literarischen, poetischen und musikalischen Werken. Und wie am Anfang ihrer Beziehung schrieb Heidegger Gedichte für sie. »Wie Du liest, liest keiner und hat auch niemand vor Dir gelesen«, schrieb ihm Arendt 1974.[4] Obwohl es Heidegger nicht an Anerkennung fehlte, erfüllte Arendts bleibende Abhängigkeit von ihm ein besonderes Bedürfnis, das niemand sonst zu befriedigen vermochte. Manche seiner anderen Schüler, darunter Herbert Marcuse und Hans Jonas, wandten sich von ihm ab, nicht so sehr, weil er seinerzeit den Nationalsozialismus unterstützt hatte, sondern weil er sich eisern dagegen wehrte, ihn später zu verurteilen und sich von ihm loszusagen. Hannah Arendt dagegen, »die Leidenschaft seines Lebens«, stellte keine solchen Forderungen.[5] Statt dessen setzte sie sich für die Verbreitung seiner Philosophie in den Vereinigten Staaten ein. Sie blieb ihrer ersten Liebe treu und brachte dem alternden und einsamen Mann einen Hauch von Jugend zurück; und sie gab ihm das Gefühl, ein Auserwählter in einer in Mittelmäßigkeit versinkenden Welt zu sein.

Der Einfluß, den Heidegger auf Arendts Leben und sie auf das seine hatte, läßt sich in seiner Tragweite kaum ganz ermessen. Doch liefert zweifellos schon der Versuch, ihre gegenseitige Abhängigkeit und die Bedeutung abzuschätzen, die die beiden füreinander hatten, den Schlüssel zum besseren Verständnis des Lebens sowohl von Hannah Arendt als auch von Martin Heidegger.

Das Bild Martin Heideggers, das sich aus seiner Beziehung zu Hannah Arendt ergibt, wird die Schüler Heideggers, die in ihm nur einen ernsthaften und abstrakten Denker sehen, zweifellos überraschen. Er drückt seine Gefühle gelegentlich mit typisch deutsch-romantischen Worten aus. Möglicherweise suchen seine Schüler seine Faszination durch den Nationalsozialismus an der falschen Stelle. Das Verbindungsglied findet sich vielleicht nicht so sehr in seiner Philosophie, sondern eher in seinen gefühlsmäßigen Bedürfnissen. Seine Beziehung zu Hannah Arendt erlaubt einen Blick in seine Gefühlswelt, die er sonst sorgfältig verbarg.

1 Der Beginn einer Liebe

In ihrer Würdigung, »Martin Heidegger mit 80« (1969), setzte sich Hannah Arendt in einer umfangreichen Fußnote mit dem Ausflug des Philosophen in die »Welt der menschlichen Angelegenheiten« auseinander, das heißt, seine Verstrickung in den Nationalsozialismus. Sie fand es »bemerkenswert und vielleicht empörend, daß sich Plato und Heidegger, als sie sich in die menschlichen Angelegenheiten einmischten, an Tyrannen und Führer wandten«, und sie wies darauf hin, daß Heidegger, indem er es unterließ, »Mein Kampf« zu lesen, »wie so viele deutsche Intellektuelle, Nazis wie Antinazis... vor der Wirklichkeit der Gestapo-Keller und Folterhöllen der frühen Konzentrationslager in vermeintlich bedeutsamere Regionen entfloh«.

Arendt charakterisierte Heideggers Zusammenarbeit mit den Nazis als »diese Episode, die heute... gewöhnlich als ein ›Irrtum‹ bezeichnet wird...«. Sie sprach von »zehn kurzen, hektischen Monaten«, obwohl Heidegger doch von April 1933 bis April 1934 Rektor der Freiburger Universität war.[1] Vielleicht war sie sich nicht bewußt, daß er vom 1. Mai 1933 bis zur Auflösung der Partei im Mai 1945 Mitglied der NSDAP gewesen war. Was sie ebenfalls nicht wußte, war, daß Heidegger »Mein Kampf« bereits 1931 auf Drängen seiner Frau Elfride gelesen hatte, die meinte: »Man muß alles übrige beiseite legen und Mein Kampf lesen.«[2]

Arendt scheute keine Mühe, um Heideggers Beitrag zum Dritten Reich und seine Unterstützung des Nationalsozialismus zu bagatellisieren und zu rechtfertigen: »Heidegger selbst korrigierte seinen eigenen ›Irrtum‹ schneller und radikaler als viele derjenigen, die später zu Gericht über ihn saßen«, schrieb sie, »er ging während dieser Periode erheblich größere Risiken ein, als im deutschen literarischen Leben und im Universitätsleben üblich waren…« Keine dieser Behauptungen wurde von den Tatsachen bestätigt. Arendt wiederholte bloß, was ihr Heidegger nach dem Krieg gesagt hatte.

Der Tribut, den Arendt ihrem Freund, Lehrer und Mentor zollte, war der letzte Akt in einem Drama, das fast ein halbes Jahrhundert zuvor begonnen hatte. Er zeugte von derselben bedingungslosen Großzügigkeit, Loyalität und Liebe, wie sie sie seither stets bewiesen hatte.

Hannah Arendt war achtzehn Jahre alt, als sie im Spätherbst 1924 an der Universität in Marburg Philosophie zu studieren begann. Der damals 35jährige Martin Heidegger, der an der Vollendung seines Hauptwerkes »Sein und Zeit« arbeitete, das 1927 erschien, war der populärste Universitätslehrer, sowohl aufgrund seines innovativen philosophischen Denkens als auch dank seines fesselnden Vortrags. »Der kleine Zauberer von Meßkirch« [sein Geburtsort], so nannten ihn seine Studenten. Sein Äußeres, seine Kleidung, seine Vorlesungen, all dies trug zu einer Aura der Unverwechselbarkeit bei. »Heideggers Gesicht läßt sich nur schwer beschreiben«, erinnerte sich sein Student Karl Löwith, »denn er konnte einen nie anblicken, mit offenem Blick und auf längere Zeit. Der natürliche Ausdruck seines Angesichts war: arbeitende Stirn, verhängtes Gesicht und niedergeschlagene Augen, die sich nur ab und zu mit einem sekundenlangen Aufblick der Situation vergewisserten. Zwang man ihn im Gespräch zu einem direkten Anblicken, so wurde sein Ausdruck verschlossen und unsicher, denn die Aufrichtigkeit im Verkehr mit andern war ihm versagt. Natürlich war ihm dagegen der Ausdruck eines vorsichtigen, bauernschlauen Mißtrauens.« Gewöhnlich trug er Bundhosen und einen volkstümlichen Schwarzwälder-Trachtenjanker mit breiten Aufschlägen und einer Art Uniform-Stehkragen, beides aus dunkelbraunem Tuch. »Das Braun des Tuches stand ihm gut zu seinem tiefschwarzen Haar und seiner dunklen Gesichtsfarbe. Er war ein kleiner, dunkler Mann, der zu zaubern verstand… Die Technik seines Vortrags bestand im Aufbau eines Gedankengebäudes, das er dann selbst wieder abtrug, um den gespannten Zuhörer vor ein Rätsel zu stellen und im Leeren zu lassen. Diese Kunst der Verzauberung hatte mitunter höchst bedenkliche Folgen: sie zog mehr oder minder psychopathische Existenzen an, und eine Studentin nahm sich nach drei Jahren Rätselraten das Leben.«[3] Heidegger, der sich seiner Anziehung sowohl auf männliche wie auf weibliche Studenten und der Macht, die er über ihren Geist ausübte, bewußt war, wahrte absichtlich Distanz und verstärkte dadurch die ihn umgebende geheimnisvolle Aura, den Nimbus, die Ehrfurcht.

1889 als Sohn katholischer Eltern in bescheidenen Verhältnissen, »weder reich noch arm«, geboren (sein Vater war Mesner), war Martin von früher Kindheit an zum Priester bestimmt worden; die Kosten seiner Schulbildung wurden deshalb teilweise von kirchengebundenen Stipendien gedeckt.[4] Die zum Priesteramt führende katholische Theologie war das Studienfach, das sich Heidegger nach seinem im Alter von zwanzig Jahren abgelegten Abitur aussuchte. Die strenge Disziplin, die den Theologiestudenten an der Albert-Ludwigs-Universität in Freiburg auferlegt wurde, war für Heidegger lediglich eine Fortsetzung seiner Lebensweise als Konviktschüler während der Jahre auf dem Gymnasium: Von frühmorgens bis spätabends war seine Zeit dem Gebet und Studium, den Hausaufgaben und der Ruhe gewidmet. In seinem zweiten Studienjahr, 1911, machte Heidegger eine gesundheitliche Krise durch, er litt an Asthma und Herzbeschwerden, beides nervlich bedingt. Bereits zu jener Zeit dachte er daran, die Theologie aufzugeben und auf Mathematik oder Philosophie umzusatteln. Diese äußerst schwierige Entscheidung – sie bedeutete, daß der vor langer Zeit gewählte berufliche Lebensweg sich total änderte und daß auch die finanzielle Unterstützung aufhörte – mag seine Krankheit ausgelöst haben. Heidegger machte eine existentielle Krise durch, denn der Katholizismus war nicht nur sein Studienfach, sondern eine geistige Bestimmung, ein Glaube, ein Bollwerk. Doch sobald er sich entschieden hatte, wandte er sich nie mehr um, obwohl dieser Bruch sein ganzes Leben lang ein verstörender, ungelöster Konflikt blieb, der unter den Nationalsozialisten und später, als ihn die katholische Kirche nach der Niederlage Deutschlands im Zweiten Weltkrieg zurückzugewinnen versuchte, erneut in einer merkwürdigen Weise aufbrechen sollte. 1913 promovierte Heidegger in Philosophie, drei Jahre später schloß er die Habilitation ab und erhielt damit die Lehrbefugnis. Nach kurzer Verlobung mit einer Frau namens Margaret ehelichte Heidegger 1917 Elfride Petri, eine Studentin der Nationalökonomie an der Freiburger Universität, die aus einer Familie von preußischen Militärs stammte und evangelisch-lutherischen Glaubens war. 1918, kurz vor der Geburt ihres ersten Kindes, informierte Elfride Heidegger ihren alten Freund Dr. Engelbert Krebs, Priester der Freiburger Erzdiözese, der das Paar getraut hatte, Heidegger und sie seien nach Gebeten und gründlicher Selbsterforschung zu dem Schluß gekommen, das Kind nicht guten Gewissens in der katholischen Kirche taufen lassen zu können. Dies war das erste, wenn auch keineswegs das letzte Mal, daß Frau Heidegger ihren Mann in einer Situation vertrat, die ihm zu unbehaglich oder zu peinlich war, um sich ihr selbst zu stellen.

Das Jahr 1922 war von zwei wichtigen Ereignissen in Heideggers Leben gekennzeichnet: Es zeichnete sich ab, daß er zum außerordentlichen Professor für Philosophie an der Universität Marburg berufen werden würde, und seine Frau ließ auf dem Land, in Todtnauberg unweit von Freiburg, ein Holzhaus, die »Hütte«, für ihn bauen. Dort, inmitten der Natur und in der Nähe von bäuerlichen Menschen, bei denen er sich lieber aufhielt als in der Gesellschaft von Professoren, konnte er denken und schreiben.

Die Begegnung mit Hannah Arendt im Jahr 1924 sollte für viele der kommenden Jahre die festgefügte Ordnung seines disziplinierten Lebens zerstören. Sie sollte eine Seite von ihm zum Vorschein bringen, von deren Existenz er selbst nicht gewußt hatte, und ihn veranlassen, all die strikten Regeln des gesitteten gesellschaftlichen und akademischen Milieus zu brechen, die er bisher aufmerksam befolgt hatte. »Eine geerbte Verschlossenheit und Schwerfälligkeit« mache es selbst für einen Freund schwierig, ihm nahezukommen, hatte er im gleichen Jahr an Karl Jaspers geschrieben[5], aber in seiner Beziehung zu Arendt sind diese Eigenschaften nicht zu entdecken. »Ich lebe einsam«, schrieb er im gleichen Brief, doch obwohl Einsamkeit eine notwendige Voraussetzung für einen Denker war, sehnten sich beide Philosophen nach einem verwandten Geist, um miteinander zu »philosophieren«. Seine junge Studentin konnte ihm zwar noch keine ebenbürtige Partnerin in philosophischen Streitgesprächen sein, aber sie konnte ihm zuhören und Gesellschaft leisten, wenn die Einsamkeit allzu schwer auf ihm lastete.

In der kleinen Universitätsstadt, wo ihr Bubikopf und ihre modische Kleidung auf der Straße mißbilligende Blicke auf sich zogen, wie sich Hannah Tillich, die Frau des Theologen Paul Tillich, erinnerte, bedurfte es einer ungewöhnlichen Entschlossenheit, ja vielleicht Verzweiflung, damit ein Professor, der verheiratet und Vater war, sich auf eine heimliche Affäre mit einer Studentin einließ. Obwohl er äußerste Vorsicht walten ließ und mit Hannahs bereitwilliger und verständnisvoller Hilfe konspirative Taktiken aller Art ausknobelte, setzte Martin Heidegger letztlich seine Ehe und seine Karriere aufs Spiel. Doch offenbar im Vertrauen auf seine Fähigkeit, jedem Verdacht die Spitze nehmen zu können, und außerstande, Arendt zu widerstehen, ging er das Risiko ein. Er scheute auch nicht davor zurück, ihr Briefe zu schreiben – eine weitere Gefahrenquelle –, so tief war sein Bedürfnis, sich ihr anzuvertrauen, die bisher nie erlebten Gefühle und Gedanken, die ihre Anwesenheit oder Abwesenheit in ihm hervorriefen, zu Papier zu bringen.

Heidegger begann die Liebesbeziehung, wie aus seinem ersten Brief an Arendt klar hervorgeht, völlig bewußt, wobei er sich als ihr Lehrer und als reifer Mann, zumindest in gewissem Maß, ihre Unschuld und die überwältigende Anziehung zunutze machte, die sein Geist und seine Männlichkeit auf sie ausübte. Von Anfang an hatte er die Oberhand, und die Oberhand behielt er auch, so abhängig er von seiner Liebe zu ihr sein mochte.

Aus bescheidenen bäuerlichen Verhältnissen stammend und in der Provinz aufgewachsen, wurde er von Hannahs exotischem Aussehen, ihrer Aufgeschlossenheit und ihrem gewandten Auftreten angezogen. Sie kam aus dem jüdisch-kosmopolitischen Milieu und bildete einen krassen Gegensatz zu den bodenständigen Frauen, denen er nahestand – seine Mutter, seine frühere Verlobte und seine Frau. Er begegnete dem klaren Blick ihrer großen, leuchtenden dunklen Augen im Hörsaal, beobachtete sie etwa zwei Monate lang und lud sie dann zu einem Gespräch in sein Büro ein. Später erinnerte er sich gern und oft an das Bild von Hannah, als sie zu ihm kam: Sie trug einen Regenmantel, hatte den Hut tief ins Gesicht gezogen und hauchte gelegentlich ein kaum hörbares »Ja« oder »Nein«.

Dieser Begegnung folgte ein ausführlicher, in eloquent-gestelzter Prosa verfaßter Brief von Heidegger.

Daß sich Arendt augenblicklich und unwiderstehlich zu ihm hingezogen fühlte, kann nicht überraschen. Angesichts des starken Einflusses, den er auf seine Studenten ausübte, war das fast unvermeidlich. Weder ihre Vergangenheit als vaterloses, frühreifes, haltsuchendes Mädchen noch ihr verletzbares, melancholisches Wesen wappneten sie gegen seine entschlossenen Eroberungsbemühungen. Wie viele assimilierte Juden, die nicht wissen, wohin sie gehören, und unsicher sind, hatte sie Selbstzweifel. So erfüllte Heidegger, indem er Hannah zu seiner Geliebten machte, ihr den hartnäckigen Traum von Generationen deutscher Juden.

Heideggers erster Brief an Arendt trägt das Datum vom 10. Februar 1925 und beginnt mit der formellen Anrede: »Liebes Fräulein Arendt«. Respektvolle Distanz wahrend, versicherte er ihr seine Loyalität, pries ihre geistigen und seelischen Qualitäten und bot ihr lediglich seinen Beistand dabei an, sich selber treu zu bleiben. Es ist ein überaus gefühlvoller Brief, ein lyrischer Gesang, ein kunstvoll geschmiedetes Gedicht, eine subtile Huldigung und ein entschiedenes Bekenntnis. Kein Schwanken, keine Zweifel, nicht einmal Reflexionen oder Fragen. Kraft und Klugheit; Wissen und Ermutigung; Loyalität und Respekt. Es war ein wohldurchdachter Brief; jedes Wort, jede Wendung, jeder Gedanke zielbewußt, suggestiv, verführerisch. In ihm zeichneten sich bereits alle künftigen Schachzüge und Taktiken Heideggers ab.

Arendt bedurfte keiner großen Überredung. Überwältigt, wenn auch verwirrt, sog sie jedes seiner Worte unkritisch in sich ein. Sein Wunsch, auch außerhalb des Hörsaals ihr Freund und Lehrer zu sein, war die allerhöchste Auszeichnung, ein Geschenk, das sie kaum hätte erwarten oder ablehnen können. Natürlich war es keine Beziehung unter Gleichrangigen und sollte es nie sein. Noch Jahrzehnte später, nachdem Arendt Ruhm und Anerkennung errungen hatte, behandelte er sie gelegentlich immer noch wie eine artige Schülerin.

Dem ersten Brief mit der förmlichen Anrede folgte nur vier Tage später ein weiterer, diesmal an die »Liebe Hannah«. Zwei Wochen später schrieb Heidegger ein paar Zeilen, aus denen eine Wendung in ihrer Beziehung, der Beginn physischer Intimität hervorgeht. Von der Intensität eines ihm bisher unbekannten Gefühls erfaßt, war er, wie diese Zeilen zeigen, wie ein Besessener.

2 Versteckspiele

Frauen waren in Heideggers Augen Geschöpfe, die Männern Geschenke machen, ohne eine Gegengabe zu erwarten. Eine solche Frau sollte Hannah Arendt sein. Sie gab immer »so viel, als man von mir verlangt«, schrieb sie ihm, ohne ihn um irgend etwas zu bitten.[6] Dasselbe hätte auch für Heideggers Mutter oder seine Frau gelten können, denn entsprechend den Sitten der Zeit und insbesondere der Rolle des deutschen Herrenmenschen wurde das von einer Frau erwartet. Doch die in einem anderen Milieu aufgewachsene Hannah paßte nicht in dieses Schema. Sie schenkte ihm ihre Liebe frei, aus vollem Herzen, glücklich, ohne Rücksicht auf Konventionen. Und sie war für Heidegger ein Spiegel, in dem er das Bild eines fast gottähnlichen Wesens erblickte. Für den katholischen Knaben aus Meßkirch verkörperte sie alles, was ihm in verworrenen Träumen erschienen sein mochte. Ihre dunkelhaarige Schönheit, der beunruhigende Hauch von Traurigkeit, der sie umgab, war so völlig anders als die teutonischen Brünhilden, die er kannte. Die Jüdin erweckte eine Leidenschaft in ihm, die ihn dazu verleitete, die Regeln des Anstands zu brechen, zu lügen, zu betrügen und Heimlichkeiten zu treiben, und als seine Leidenschaft abflaute, ließ er Arendt dafür büßen.

So wie es aussieht, war Heidegger kein aggressiver Mann, zumindest nicht im konventionellen Sinn. Aber die Kühnheit und Entschlossenheit, mit der er Hannah verfolgte, ohne seine Arbeit und seine Familienpflichten zu vernachlässigen, zeugen von einer kraftvollen Persönlichkeit, egozentrisch, skrupellos und gerissen. Obwohl er in seinem Auftreten selbstgewiß wirkte, war er innerlich unsicher und bedurfte ständiger Verehrung und Schmeichelei, die Hannah ihm überreichlich zuteil werden ließ.

Nach und nach traten diese widersprüchlichen Züge in seiner Haltung gegenüber Arendt zutage, aber in ihrer Verliebtheit nahm sie sie nicht wahr. Ebensowenig sah sie, daß er das Bedürfnis hatte, sie zu beherrschen, sondern deutete es als Wunsch, sie zu beschützen. Sei es durch Schmeicheleien, Beweise von Ergebenheit, echte und aufrichtige Liebeserklärungen und Gedichte, die er für sie schrieb, sei es, indem er sie beriet, ihr befahl und sie herumkommandierte – immer diktierte Heidegger die Bedingungen ihrer Beziehung. Daß er es schaffte, diese junge, stolze Frau zu unterjochen, die bereits damals für ihre leidenschaftliche Unabhängigkeit bekannt war, erschien ihm als Beweis seiner Überlegenheit.

Trotz ihrer Jugend war Arendt stärker und geschmeidiger als Heidegger. Sie war sich durchaus bewußt, daß für Heidegger seine Familie an erster Stelle kam, und er versuchte auch nie, sie darüber zu täuschen. Der Gedanke, daß sich der Charakter ihrer Beziehung ändern, daß Heidegger gar erwägen könnte, ihretwegen seine Familie zu verlassen, kam ihr nie in den Sinn. Nach einem Jahr heimlicher Zusammenkünfte begann sie daran zu denken, die Universität zu wechseln. Dabei ließ ihre Liebe nicht nach, sondern nahm eher noch an Intensität zu, genau wie Heidegger vorausgesagt hatte. Auch diese Erkenntnis mag sie beeinflußt haben. Lehnte sie sich innerlich gegen ihr Versteckspiel-Dasein auf? Das ist unwahrscheinlich, denn die Aura des Geheimnisvollen war für sie ebenso verlockend wie für ihn. Als Halbwüchsige war Hannah von einer schönen – eines Tages verschwundenen – Tante fasziniert gewesen, die in subversive politische Machenschaften verstrickt war und ein geheimnisumwittertes Leben führte, inkognito Grenzen überquerte und Botschaften beförderte, dabei umschwärmt von ihren Mitverschwörern, die ihr hinreißendes Gesicht durch einen dichten Schleier nur erahnen konnten. Als Arendt in ihren mittleren Jahren über Rosa Luxemburg schrieb, hob sie hervor, daß die Vorliebe von Luxemburgs Liebhaber für Anonymität und sein Hang zu Konspiration und zu einem gefährlichen Leben seine erotische Anziehung erhöht habe. Doch trotz des Reizes der Heimlichkeiten begann die Faszination von Heideggers verschlüsselten Botschaften nachzulassen, mit denen er sie unter – auf die Minute genauer – Angabe von Zeit und Ort ihres nächsten Rendezvous mit ausgeklügelten Signalen von ein- und ausgeschalteten Lampen, Vorsichtsmaßregeln und Anweisungen zu sich bestellte, wenn er damit rechnete, allein zu sein. Vielleicht empfand sie einfach Mißbehagen über ihre untergeordnete Rolle und die »mädchenhaften« Tugenden, die er an ihr pries und die darauf hinausliefen, daß sie seine Anweisungen zu befolgen und den Mund zu halten hatte. Daß sie nicht offen mit ihm reden konnte, belastete sie sehr, obwohl ihr Heidegger versicherte, stumm könne sie ihm ihr tiefstes Inneres besser enthüllen als mit Worten. Aber sie konnte die fast zwanghafte Scheu nicht überwinden, die er in ihr hervorzurufen schien. »Wenn du mich haben willst« oder »wenn du magst«, flüsterte sie dann, denn Intuition und Erfahrung sagten ihr, daß ihn Bescheidenheit und stumme Anbetung freuten und erregten. Vielleicht versuchte sie auch instinktiv, das Klischee der lauten, selbstsicheren und cleveren Jüdin zu widerlegen, und wie ihrer Heldin, Rahel Varnhagen, standen ihr die Phantome ihrer Vorfahren im Wege. Doch vor allem anderen machten ihr ihre eigene Gehemmtheit und Unsicherheit, noch verschärft durch Heideggers Verhalten, seine Vorlieben und Abneigungen, zu schaffen.

Vom Beginn bis zum Ende der Liebesaffäre verstand und akzeptierte Arendt seine Spielregeln. Sie tat alles, um Heidegger die Last seines Doppellebens zu erleichtern, befolgte jede seiner häufig wechselnden und komplizierten Anweisungen in bezug auf ihre Zusammenkünfte, ohne sich zu beklagen und eigene Forderungen zu stellen, verfügbar, wenn er sie wollte, und geduldig wartend, wenn sein Ruf ausblieb. Sie genoß das Privileg, seine Geliebte und enge Vertraute zu sein. Er hielt sie über seine aktuelle Arbeit auf dem laufenden, die Veröffentlichung von »Sein und Zeit«, über seine Beziehung zu Edmund Husserl und Karl Jaspers. Aus zweiter Hand lebte sie im Alter von achtzehn, neunzehn unter Schöpfern von Ideen, denen, wie sie fälschlicherweise annahm, die platt materialistische Welt der Politik und der Alltagsrealität fremd war. Hätte sie die Korrespondenz zwischen Heidegger und Jaspers gekannt, die parallel zu ihrem Briefwechsel mit Heidegger verlief, wäre sie frappiert gewesen über den Pragmatismus beider Philosophen, ihre sorgfältigen finanziellen Berechnungen von Gehältern, Sozialleistungen, Witwenpensionen usw., wenn es um Annahme oder Ablehnung von Lehraufträgen ging. Oder darüber, daß Jaspers von seinem Freund für ein kurzfristiges Darlehen, das er Heidegger gewährte, Zinsen nahm. Diese Aspekte verblassen allerdings gegenüber dem hochschulpolitischen Gerangel beider vor und nach der Machtübernahme durch die Nationalsozialisten. Heidegger wurde niemals müde, seiner jungen Studentin den angeborenen Idealismus des deutschen Geistesadels einzuhämmern.

Arendt war hin- und hergerissen, ob sie Marburg verlassen sollte oder nicht. Obwohl es allgemein üblich war, daß Studenten die Universität wechselten, um bei einem Professor ihrer Wahl zu studieren, war das nicht der Grund, der Arendt zu ihrem Schritt veranlaßte. Sie wollte den Teufelskreis durchbrechen und mit ihrem Leben weiterkommen, aber gleichzeitig wollte sie auch in Heideggers Nähe sein und bei ihm studieren. Vielleicht hegte sie die Hoffnung, daß er sie zurückhalten werde, wenn sie ihm ihren Entschluß mitteilte. Schließlich war es sein Wohl – »um wegen meiner Liebe zur Dir nichts schwerer für Dich zu machen, als es zu sein hat« –, das den Ausschlag gegenüber anderen Erwägungen gab. Fünfundzwanzig Jahre später schrieb sie ihm unverblümt: »Weggegangen aus Marburg bin ich ausschließlich Deinetwegen.«[7]

Doch als Arendt Heidegger in ihre Überlegungen einweihte, an eine andere Universität zu wechseln, stand sein Beschluß, daß sie Marburg verlassen müsse, bereits fest. Ob seine Nerven angegriffen waren, seine Frau Verdacht geschöpft hatte oder Hannahs Gegenwart sich zu störend auf seine Arbeit auswirkte, steht nicht fest. Was feststeht, ist, daß er im Gegensatz zu Arendt nicht beabsichtigte, die Affäre zu beenden, sondern bloß, die Gefahren zu vermindern.

Im Januar 1926, ein Jahr nach Beginn ihrer Affäre, schrieb Heidegger einen Brief an Arendt, der ernsthafte Zweifel weckt an seinen noblen Absichten, dem Schutz, den er ihr angeboten, und der Verantwortung, die er für sie übernommen hatte. Darin spricht er nachdrücklich von »ihrer Entscheidung«, so als hätte sie diese bereits getroffen, während sie in Wirklichkeit noch schwankte. Als ihr Lehrer hätte er ihr raten können, zu bleiben und bei ihm weiterzustudieren. Abgesehen von ihren persönlichen Gefühlen war diese Entscheidung etwas unerhört Wichtiges für sie, wie aus ihrem 1958 erschienenen Buch »The Human Condition«* hervorgeht, von dem sie ihm schrieb, es »schuldet Dir in jeder Hinsicht so ziemlich alles«[8]. Aber Heidegger setzte sie unter Druck, wegzugehen. Er stellte ihre Fähigkeit in Frage, an der Marburger Universität, wo sie nicht Fuß fassen könne, an die sie nicht passe, mit ihrem Studium voranzukommen. Junge Menschen, die nicht genug Kraft aufbringen könnten, die Schule zu verlassen, an die sie nicht gehören, mit denen stimmte seiner Meinung nach etwas nicht. Falls sie darauf bestünden zu bleiben, beraubten sie sich der Chance des Wachstums. Überdies sei es nicht besonders nützlich, als »Heidegger-Student« zu gelten – eine seltsame Äußerung von einem Philosophen, der in Deutschland, ja in der Welt nicht seinesgleichen hatte.

Heideggers Einschätzung von Arendts wissenschaftlichen Leistungen widerspricht angesichts ihres hervorragenden Rufs in Marburg dem gesunden Menschenverstand. Der Lehrer, der das ganze Jahr lang nichts anderes als Lob für sie gehabt hatte, der seine Arbeiten zu seinem eigenen Nutzen, wie er sagte, mit ihr diskutierte, der immer wieder ihre geistige Verwandtschaft, ihr gegenseitiges Verstehen, ihre Loyalität und ihr Vertrauen hervorhob, verriet dieses Vertrauen jetzt aus Gründen, die nichts mit ihren akademischen Leistungen zu tun hatten. Hannah Arendt war die erste – und nicht die letzte – seiner Schülerinnen und Schüler, die er in seiner Rolle als Lehrer enttäuschte. So beschuldigte er 1937 seinen Studenten Max Müller einer negativen

* »Vita activa oder Vom tätigen Leben«. München, Piper, 1967.

Einstellung zum Dritten Reich, bloß weil Müller ein überzeugter Katholik war, und beendete damit dessen akademische Karriere; und ebenso blockierte er die wissenschaftliche Laufbahn eines anderen, Eduard Baumgarten, weil dieser »alles andere als ein Nationalsozialist« sei[9]. Persönliche Gründe, politische Gründe, religiöse Gründe, nicht Fragen der wissenschaftlichen Leistung leiteten seine Entscheidungen. Professor Heidegger hatte eine Machtposition inne. Macht war seine Hauptantriebskraft, und er nutzte sie, wie es ihm paßte.

Der Brief von Januar 1926 mag bei Hannah Arendt die ersten, wenn auch rasch beiseite gefegten Zweifel geweckt haben. War Heidegger wirklich ein Mann von untadeliger Integrität? Oder manipulierte er sie? War er »ihr Martin«, der ihr versprochen hatte, sie in sein Leben einzubeziehen? Sie sei ein Teil seines Lebens geworden, eine immerwährende, anregende Kraft, deren Liebe seine Arbeit beflügele, hatte er ihr versichert. Jetzt plädierte er beredt dafür, daß sie ging, falls sie stark genug sei und begreifen könne, was für ihre geistige Entwicklung von Nutzen sei. Ihre Entscheidung fordere nicht nur von ihr ein Opfer, sondern auch von ihm. Er sei bereit, es um ihretwillen zu erbringen, und es könne sie beide – geistig – bereichern. Wenn er bereit war, ein Opfer für sie zu bringen, so folgerte Arendt, dann liebte er sie. Zweifellos galt seine erste Sorge ihrer geistigen Entwicklung. Außerdem hätte sie ihn gar nicht lieben können, wenn er nicht ehrlich und aufrichtig gewesen wäre.

Erst im Laufe der Zeit und mit der Klarsicht, die sich meist rückblickend einstellt, konnte Arendt die wahre Bedeutung von Heideggers gewundener Argumentation verstehen. Und dann fühlte sie sich mißachtet, manipuliert, betrogen. Und doch änderte selbst diese Erkenntnis wenig an ihrer Einstellung zu Heidegger.

3 Trennung und Überlebensversuche

An deutschen Universitäten glich die Beziehung zwischen Professor und Student weniger dem Verhältnis zwischen Mentor und Schüler als dem zwischen Meister und Lehrling. Obwohl es an allen europäischen Bildungsstätten ein festgefügtes Muster von Oben und Unten zwischen Lehrer und Schüler gab, war das deutsche Schulsystem geprägt von starren Denk- und Verhaltensmustern, von Disziplin und Hierarchie preußischen Stils. Als Autoritätsperson war ein Mann zu Hause ein strenger Vater und in der Schule ein ebenso strenger Lehrer – in der Volksschule, im Gymnasium und an der Universität. Der Professor stand buchstäblich und im übertragenen Sinn auf einem Podest, die Atmosphäre im Hörsaal war feierlich-ernst, die Etikette, die Regeln des Betragens – Kleidung, Äußeres, Manieren – waren festgelegt und wurden strikt eingehalten. Hannah Arendt erlebte eine Art »Kulturschock«, als sie, freilich erst etwa dreißig Jahre später, den Campus von Berkeley betrat; die Disziplinlosigkeit der »ungepflegten« und unbekümmerten Studenten gefiel ihr gar nicht. Die auf Gedankenaustausch beruhende Zwanglosigkeit eines amerikanischen Hörsaals war ihr völlig fremd – wenn sie sie auch im Lauf der Zeit schätzen lernte.

Aber selbst unter den deutschen Professoren war die »Heiligenverehrung«, der Kult, den Heidegger anregte und förderte, nicht üblich. Zum Teil war er auf die jüdischen Studenten zurückzuführen, die in seine Vorlesungen pilgerten. Mit fast religiöser Inbrunst. Da sie ihr Judentum ablehnten und ihrerseits von den Deutschen abgelehnt wurden, hatten viele deutsch-jüdische Intellektuelle keine festumrissene Identität. Um diese amorphe Identität in eine echt deutsche zu verwandeln, mußten sie den deutschen *Geist* verinnerlichen, und das wiederum erreichten sie nur dadurch, daß sie sich völlig in die Philosophie versenkten. Deshalb strömten sie zu den prominentesten Philosophen, und der prominenteste von allen war, als Arendt ihr Studium begann, Martin Heidegger. Ihr Hunger, zu einem inhärenten Bestandteil der deutschen Kultur zu werden, konnte am wirksamsten durch den Denker gestillt werden, den Philosophen, die eigentliche Verkörperung des Geistes. So sahen die Studenten, die für alles Deutsche schwärmten, in Heidegger die Personifizierung des Deutschtums und investierten deshalb alle ihre Hoffnungen, echte Deutsche zu werden, in ihn. Oft »liehen« sie sich die tiefverwurzelte, starke Identität ihres Meisters, oder glaubten es zu tun, und negierten dabei ihr schwankendes jüdisches Identitätsgefühl oder – noch schlimmer – schrieben ihre eigenen Gaben ihm zu. Auf diese Weise versuchten sie, für sich Geist und Intellekt in einem Land zu retten, das ihnen aus eigenem Recht keine oder fast keine Legitimität zugestand. Was assimilierte jüdische Studenten an Heidegger ebenfalls anzog, war, daß er die Renaissance der griechischen Philosophie und deren Einbeziehung in das zeitgenössische deutsche Denken förderte. Auf ihrer Suche nach einer religiös neutralen, liberalen Kultur sahen die Juden in der griechischen und römischen Zivilisation, wie Heidegger sie präsentierte, einen Ausweg aus ihrem religiösen und kulturellen Dilemma. In Arendts Fall wurde der Drang, bei Heidegger Schutz für ihre Seele und ihren Geist zu suchen, noch durch den Umstand verschärft, daß ihr der Vater gefehlt hatte und sie infolgedessen nicht genau wußte, wo sie hingehörte.

In den Nachkriegsjahren, als Heideggers offenkundiger Verrat ihr eigenes »Sein und Zeit« bedrohte, flehten manche seiner Schüler wie Herbert Marcuse den Denker an, sich von seiner Nazi-Vergangenheit zu distanzieren, andere dagegen, wie Hannah Arendt, sprachen ihn von jeder Verfehlung frei – teilweise wohl auch, um ihr eigenes Selbst zu schützen und das zu retten, zu dessen Entfaltung der Lehrer in ihrer Jugend beigetragen hatte. Arendts Bindung an Heidegger endete nie. »Selbst in der Gegenwart seiner Abwesenheit«, bemerkte einer ihrer ehemaligen Studenten, sei er als Denker für sie eine Autorität geblieben.[10]

Daß Heidegger die Verehrung vom Hörsaal auf seine private Beziehung zu Arendt übertrug, war angesichts seiner Persönlichkeit unvermeidlich. Weniger ihre Rolle als Studentin war ihm im Privatleben wichtig als sein Bedürfnis, von seiner Geliebten angehört zu werden und in ihren Augen überlebensgroß zu erscheinen, eine Bedingung, die in schlichten Gesprächen hätte untergraben werden können. Er wäre ihr dann vielleicht als ein normaler Mensch erschienen, und so sah er sich selbst oder sah sie ihn nicht. Wie Heidegger ihre persönliche Beziehung aufzog – er hoch oben auf dem Podium, sie zu seinen Füßen –, war für sie ganz natürlich. Unsicher, ob sie seiner würdig sei, außerstande, irgend etwas von dem in Frage zu stellen, was er tat oder nicht tat, überwältigt von einer Liebe, die sie einschüchterte und sich klein fühlen ließ, akzeptierte sie bereitwillig die Rolle, die er ihr zugedacht hatte. Die Themen ihrer Gespräche oder vielmehr meist seiner Monologe waren vorgegeben durch sein philosophisches Denken, aber auch durch die antike und moderne Philosophie, Literatur, Dichtung, Musik und die Natur, Themen, von denen Arendt seit frühester Jugend gefesselt war. Beide waren sie begeistert von Bach und Beethoven, Rilke und Thomas Mann (beide liebten sie den »Zauberberg«), und Heideggers Ausführungen über Plato, Sokrates und Heraklit blieben kostbare Erinnerungen, unvergeßliche Erfahrungen für sie.

Und doch: Obwohl sie sich privilegiert fühlte, weil sie seine einzige Zuhörerin war, belastete es sie, daß es unmöglich war, »wirklich« miteinander zu sprechen. Sie waren beide äußerst scheue Menschen; doch wie aus den »Schatten« hervorgeht – dem nachdenklichen Bekenntnis, das Arendt im Sommer 1925 als »Geschenk« für Heidegger schrieb –, wollte sie, daß er ihre intimsten Gedanken über ihre Kindheit und Jugend kennenlernte, die ihrer Überzeugung nach die Quelle ihrer Ängste und Verletzbarkeit waren. Das Bekenntnis erinnert aufgrund seiner Ausstrahlung von Melancholie, Ruhelosigkeit und Entfremdung in gewisser Weise an Goethes »Die Leiden des jungen Werthers«. In der gleichen Stimmung schrieb sie in den Jahren 1926/1928 Briefe an ihren achtzehn Jahre älteren Freund Erwin Loewenson.

Wenn er ihr schrieb, verließ Heidegger den neutralen Boden von Philosophie und Literatur. Seine von sinnlicher Liebe durchtränkten Briefe zeigen, daß es auch ihm leichter fiel, über seine Gefühle zu schreiben, als davon zu sprechen.

Arendt übersiedelte 1926 nach Heidelberg, um bei Karl Jaspers zu promovieren, dem Heidegger sie – wie unter Professoren üblich – empfohlen hatte. Ohne es zu wissen, belieferte Jaspers Heidegger mit Neuigkeiten – auch privater Natur – über Hannah Arendt, harmloser Klatsch in Jaspers' Augen, wichtige Nachrichten für Heidegger. Über ihre Affäre mit Heidegger erfuhr Jaspers erstmals 1949 von Arendt.

Hannah Arendt verließ Marburg zwar, letztlich aber verließ sie Heidegger nicht, wenn sie es auch demonstrativ unterließ, ihm ihre neue Adresse in Heidelberg zu geben – ein Versuch, gegen die unmögliche Liebe anzukämpfen, die ihre Freiheit und Unabhängigkeit zerstörte. Die Nebenstraße war zu einer Sackgasse geworden. Seine Liebe, erkannte sie, entstammte lediglich erotischer Leidenschaft, während sie den ganzen Mann, Körper, Geist und Seele, liebte. Dieses Ungleichgewicht, nicht die äußeren Umstände, beschädigte ihre Selbstachtung und demütigte sie. »Immer noch scheint es mir unglaubhaft, daß ich beides habe kriegen können, die ›große Liebe‹ und die Identität mit der eigenen Person«, schrieb sie zehn Jahre später an ihren späteren Ehemann Heinrich Blücher. »Und habe doch das eine erst, seit ich auch das andere habe. Weiß aber nun endlich auch, was Glück eigentlich ist.«[11]

In Marburg zerbrach sich Heidegger darüber den Kopf, wie er am unauffälligsten mit Arendt in Kontakt kommen könne. Einen Brief an die Universität Heidelberg zu adressieren, wagte er nicht. Auch Karl Jaspers zu fragen, wie er sie erreichen könne, erschien ihm zu riskant. Schließlich gelang es ihm, über seinen Studenten Hans Jonas, der mit Arendt befreundet war, an ihre

Adresse zu kommen. Der Briefwechsel sowie die Zusammenkünfte setzten sich fort, augenscheinlich weil Arendt mitmachte. In ihrem Innersten hatte sie wahrscheinlich auf ein Zeichen von ihm gewartet, obwohl sie nicht den ersten Schritt hatte tun wollen. Heidegger taktierte nun sogar noch ausgeklügelter als zuvor: Sie sollte ihn auf seinem Weg von Freiburg in die Schweiz in einer kleinen Ortschaft treffen, und er würde sich nach seiner Abreise von Freiburg am 4. April 1926 einen Tag freimachen und seine Fahrt erst einen Tag später fortsetzen. Er lud sie ein, vermutlich in einen Gasthof. Ungewiß, ob sein Brief sie rechtzeitig erreichen werde und ob sie kommen könne, aber gewiß, daß sie bereit war, ihn zu sehen, bat er sie, ihm eine Postkarte mit Grüßen zum Semesterende in Heidelberg als Zeichen dafür zu schikken, daß sein Plan klappen würde, und versprach, auf all den kleinen Bahnhöfen nach ihr Ausschau zu halten, wo sein Zug kurz hielt.

Im Laufe der Zeit wurden ihre Briefe und Verabredungen sporadischer – lange Monate vergingen ohne Kommunikation. Ihre Korrespondenz erfolgte ausschließlich auf Initiative Heideggers. Arendts Briefe ersetzten ihm ihre Gegenwart; Heidegger hielt ihre »lieben Hände« häufiger in der Phantasie als in Fleisch und Blut und betete unablässig für ihr Glück.

Doch Glück blieb Hannah Arendt verwehrt. Zuerst durch Jaspers, dann durch einen Brief Arendts erfuhr Heidegger Anfang 1928 von einem Mann in ihrem Leben, einem Kommilitonen, Benno von Wiese. Jaspers, der beide mochte, berichtete Heidegger, er glaube, daß sie verlobt seien, in seinen Augen eine ideale Verbindung. Es ist jedoch zweifelhaft, daß Arendt oder von Wiese an eine dauerhafte Bindung dachten. Tatsächlich war die als Reaktion auf Arendts Enttäuschung begonnene Affäre kurzlebig. Arendt versuchte einfach, den Kopf über Wasser zu halten. Ihr Verhältnis mit von Wiese war ein weiterer erfolgloser Versuch, sich vor Heidegger in Sicherheit zu bringen. Obwohl sie sehr konzentriert studierte – Jaspers war ein äußerst anspruchsvoller Lehrer – und einen Freund hatte, ging ihr Heidegger nicht aus dem Sinn. Als sie ihn über von Wiese informierte, fügte sie hinzu, sie sei glücklich – das tat sie vielleicht, um sich selbst zu überzeugen, um ihren Stolz zu wahren und Heidegger wissen zu lassen, daß sie ihr Gleichgewicht wiedergefunden hatte. Ihre Mitteilung löste bei Heidegger eine ihr eher unwillkommene Demonstration von Freude (oder Erleichterung), Gratulationen und guten Wünschen aus, aber sie hielt ihn nicht davon ab, weiter Ansprüche auf sie zu erheben. Ende der zwanziger Jahre unternahm Hannah mit ihrer Freundin Käte Levin einmal eine lang geplante Fahrt nach Nürnberg und Umgebung. Mitten in ihrem Aufenthalt dort erhielt sie, wie sie ihrer Begleiterin erzählte, einen Brief von Heidegger, der sie zu einem Stelldichein rief. Ohne einen Augenblick zu zögern, unterbrach sie die Reise, verließ Käte und eilte zu Heidegger.[12] Wie schaffte es Heidegger, Arendts angebliches Glück mit seinen Ansprüchen auf ihre Person, ja selbst auf ihre Zeit innerlich zu vereinbaren? Seine Gleichgültigkeit gegenüber ihrem Seelenfrieden, die Einmischung in ihr Leben, wann immer es ihm paßte, war keine Ausnahme, sondern vielmehr charakteristisch für seine Art, Menschen zu behandeln, die auf die eine oder andere Weise von ihm abhängig waren.

So wie früher ihre Treffen, wurde jetzt ihre Korrespondenz von Heidegger strikt geregelt. Sie durfte ihm schreiben, wenn er sie ausdrücklich darum bat, nicht, wenn ihr danach war. Wie immer fügte sich Arendt. Die Anstrengung, die es sie kostete, ihr Leben ohne ihn und über lange Zeitspannen ohne ein Wort von ihm zu führen, war weder ihrer Arbeit noch ihrem Verhalten anzumerken. Eine Fassade aufrechtzuhalten, den Anschein zu erwecken, die Dinge im Griff zu haben, zehrte von Kindheit an an ihren Kräften. Aber sie setzte die Affäre aus freien Stücken fort und war bereit, den Preis dafür zu bezahlen.

Das war keine leichte Aufgabe, und Heidegger erleichterte sie ihr nicht. Kaum hatte sie ein labiles Gleichgewicht gefunden, traf ein kürzerer oder längerer Brief von ihm ein, durchtränkt von sentimentalen Erinnerungen an ihre gemeinsame Vergangenheit und Versicherungen seiner anhaltenden Liebe und ständigen Sehnsucht nach ihr. Und von Zeit zu Zeit eine Bitte, ihm zu schreiben. Arendt schrieb diese Briefe »auf Befehl«, wie sie es nannte, zwar nicht mit großem Vergnügen, doch sie war ebensowenig bereit oder fähig wie er, die Affäre zu beenden. Zwei, drei Jahre, nachdem sie sich kennengelernt hatten, wurde sie sich der Macht bewußt, die er über sie hatte, und fand sich mit seinen unberechenbaren Wünschen, Forderungen und Erwartungen ab. Wenn er monatelang schwieg, tat sie es auch. Sie akzeptierte alle seine Ausreden für sein anhaltendes Verstummen – gesundheitliche Probleme, Konferenzen, Vorträge, Seminare, Arbeit, Fahnenkorrekturen –, wenn er sie durch eine weitere Liebeserklärung, ein weiteres Bekenntnis zu dem Vertrauen, das sie miteinander verband, dafür entschädigte. Zwanzig Jahre später bezeichnete Arendt Heidegger als einen »pathologischen Lügner«, einen Menschen, der »notorisch immer und überall lügt, wo er nur kann...«[13]. Da sie seit Beginn der dreißiger Jahre keinen Kontakt mehr mit ihm gehabt hatte, konnte sie sich damals nur auf die Zeit ihrer Intimität und auch auf diese Ausreden beziehen. Rückblickend begriff sie, daß er sie insbesondere nach ihrem Weggang von Marburg manipuliert hatte. Als sie ihm Anfang 1928 schrieb, daß sie »einfach glücklich« sei, mutmaßlich mit von Wiese, fuhr er fort, sie trotzdem weiter zu umwerben, hungrig nach noch einem Liebesschwur und noch einem heimlichen Stelldichein. Sie wußte, daß er wußte, daß sie nicht »einfach glücklich«, sondern sehr einfach unglücklich war, und er brachte es fertig, das auszunutzen. Aber sie machte nur zu bereitwillig mit. Sie, die leidenschaftlich gern Romane las, spielte nun im Leben die Rolle der Romanheldinnen und traf sich mit ihrem Liebhaber in einer kleinen, obskuren Bahnstation oder auch spät in der Nacht vor der Heidelberger Universitätsbibliothek.

Heidegger spielte ein durchtriebenes Spiel, indem er so tat, als könne sie mit einem anderen Mann glücklich werden, während sie ihn immer noch liebte. Das erleichterte die Dinge für ihn und enthob ihn der Verantwortung, denn auf diese Weise konnte er buchstäblich seinen Kuchen essen und ihn doch behalten. Im Alter von 22 war Arendt ihm, »dem Fuchs«, wie sie ihn später nannte, nicht gewachsen. Die Briefe, die er für sie schrieb, die meisterhafte Lyrik, hielten sie ständig in Atem. Er bat sie, ihm Photos von ihr zu schicken – was sie tat –, nur um sie an die Zeiten zu erinnern, da sie noch in seinem Hörsaal saß, so als sei ihr dramatischer Entschluß, den Hörsaal und Marburg zu verlassen, völlig belanglos.

Mitte 1928 faßte Heidegger *seinen* Entschluß. Es war jetzt zwei Jahre her, daß Arendt Marburg verlassen hatte, und er hatte das Gefühl, das Verhältnis nicht länger fortsetzen zu können. Zu Beginn dieses Jahres ließ ihn sein alter Lehrer Husserl im Vertrauen wissen, daß er nach langwierigen Beratungen und mit der nachdrücklichsten Unterstützung Husserls als ordentlicher Professor auf den von Husserl geräumten Lehrstuhl an der Freiburger Universität berufen werden würde. Im Alter von 39 hatte Heidegger kurz nach Erscheinen seines bahnbrechenden Werkes »Sein und Zeit« einen Höhepunkt seiner Laufbahn erreicht. Das Risiko, eine junge Geliebte zu haben, noch dazu eine ehemalige Studentin, erwies sich als zu große Belastung; und nach vier Jahren hatte sich seine Leidenschaft gerade so weit abgekühlt, daß er sich zu zügeln vermochte. Außerdem gab es schon eine andere Frau in den Kulissen: Elisabeth Blochmann, die »liebe Lisi«, eine Schulfreundin seiner Frau, vierzehn Jahre älter als Hannah und akademisch bereits voll etabliert. 1927 dankte ihr Heidegger liebevoll für »die schönen Berliner Tage...«; 1928 dankte er ihr »für alles« und zitierte Augustinus' ›volo ut sis‹ (ich will, dass du seiest), wie er es drei Jahre zuvor gegenüber Arendt getan hatte.[14]

»Dass Du jetzt nicht kommst – ich glaube, ich habe verstanden«, schrieb ihm Arendt gegen Ende April 1928. Der Brief trägt keine Anrede, ein deutlicher Hinweis auf die eingetretene Veränderung und auf ihre innere Unruhe. Sie leide, schrieb sie ihm, seit ihrem letzten Wiedersehen ständig an unerklärlichen Anfällen heftiger Angst. Heidegger, immer Herr der Lage, traf mit ihr zusammen, offenbar bereits entschlossen, und bot ihr seinen Rat an. »Der Weg, den Du mir zeigtest«, schrieb sie ihm anschließend, »ist länger und schwerer, als ich dachte. Er verlangt ein ganzes langes Leben...« Sie war bereit, diesen Weg in die selbstauferlegte Einsamkeit zu gehen, da dies »die einzige Lebensmöglichkeit [ist]...« Zu leben bedeutete für sie, ihn zu lieben, und es gab nichts, was sie tun konnte oder wollte, um das zu ändern. »Ich hätte mein Recht zum Leben verloren, wenn ich meine Liebe zu Dir verlieren würde...« Bei all seiner Dramatik ist es ein verzweifelter Brief. Arendts natürliche Zurückhaltung, ihre Abneigung, über ihre Gefühle zu sprechen, brachen in sich zusammen, als er ihr sagte, daß er sie verlasse. Es muß sie ihre gesamte Willenskraft und all ihren Mut gekostet haben, diese Worte zu Papier zu bringen. »Ich liebe Dich«, schrieb sie, »wie am ersten Tag – das weißt Du und das habe ich immer... gewußt.« Ohne zu unterschreiben, schloß sie den Brief:

»Und wenn Gott es gibt,
werd ich Dich besser lieben nach dem Tod.«[15]

4 Heirat mit Günther Stern

Im September 1929 heiratete Arendt einen anderen Schüler Heideggers, Günther Stern. Stern hatte bei Husserl in Philosophie promoviert und anschließend bei Heidegger in Marburg an seiner Habilitation gearbeitet, wo er 1925 Hannah begegnete. Er war ein ernsthafter, begabter Mann mit feinem Humor, aber welche Absichten er zu dieser Zeit auch gehegt haben mochte, Arendt schenkte ihm kaum Beachtung. 1929 begegneten sie einander erneut auf einem Neujahrsball in Berlin, und Arendt brauchte kaum einen Monat, um bei ihm einzuziehen, einfach, weil sie gemeinsame geistige Interessen hatten und weil er von ihr angezogen und sehr freundlich zu ihr war. (Einem Ondit zufolge brachte Stern ihr einmal Hühnersuppe, als sie eine Erkältung hatte.) Es war eine Ehe, für die alles sprach und die ihre Mutter und Sterns Eltern, Pioniere der Kinderpsychologie, denn auch freudig begrüßten. Arendt und Stern entstammten dem gleichen Milieu, sie kamen aus völlig assimilierten jüdischen Familien, bewegten sich in denselben Kreisen, verfolgten ähnliche geistige Ziele, liebten Musik und Literatur und waren beide passionierte Anhänger von Heideggers Philosophie.

So wurde aus Hannah Arendt Hannah Stern; sie führte den Namen ihres Mannes noch lange nach der Auflösung ihrer Ehe, aber als sie 1937 ihre Scheidungspapiere erhielt, schrieb sie Heinrich Blücher, wie sehr sie sich freue – »selbst wenn ich kindlich bin« –, ihren Mädchennamen wiederzubekommen.[16]

Unter diesen Umständen hatte die Ehe trotz all ihrer Zweckdienlichkeit und trotz des guten Willens beider Partner keine allzu große Chance. Hannah Stern war eine loyale Ehefrau und eine willige Gehilfin. Sie tippte Sterns Arbeiten, hörte sich Seite um Seite an, die er laut vorlas, riet ihm, machte Vorschläge und tippte die Neufassungen. Sie waren gute Freunde, solange die

Ehe dauerte, und blieben es auch nach der Scheidung. Es war Stern, der ihr und Blücher 1940 zu Affidavits für die Emigration in die Vereinigten Staaten verhalf, als sie gezwungen waren, Frankreich zu verlassen (Stern und seine Eltern waren schon früher nach Amerika geflohen), und es war seine Schwester, die Arendt Mitte der dreißiger Jahre half, in Frankreich eine Stelle bei der Jugend-Aliyah zu finden, als die Flüchtlinge durch Arbeitslosigkeit in ihrer Existenz bedroht waren. Noch Jahrzehnte später sprach Stern mit Respekt und Bewunderung von seiner ersten Frau.

»Ich war, als ich aus Marburg fortging, fest entschlossen, nie mehr einen Mann zu lieben, und habe dann später geheiratet, irgendwie ganz gleich wen, ohne zu lieben«, schrieb Arendt 1950 an Heideggers Frau, »weil ich ja nichts für mich erwartete«[17]. Das einzige, was sie erwartete, war, über Heidegger hinwegzukommen, selbst wenn es bedeutete, mit einem Mann zusammenzuleben, den sie nicht liebte.

Die ersten zwei Ehejahre 1929/30 waren eine Zeit intensiver Arbeit: Er schrieb an seiner Habilitation, deren Ziel eine Universitätsstellung war; Hannah recherchierte für ihre Varnhagen-Biographie. Stern schrieb über Musikphilosophie, aber seine Arbeit fand nicht die Anerkennung seiner Professoren, und er gab sie schließlich auf und arbeitete als Journalist. Hannah Stern machte mit Unterstützung von Karl Jaspers weiter. Auf Ersuchen von Jaspers schrieb Heidegger einen Empfehlungsbrief, der Hannah ein Forschungsstipendium einbringen sollte. Sie konnte inzwischen während ihres Studiums nicht mehr auf die finanzielle Unterstützung ihres Berliner Onkels Ernst Aron zählen (ihre Mutter und deren Mann waren entweder nicht imstande, Hannah zu helfen, oder Hannah hatte diese Lösung vorgezogen).

Wie viele Studenten lebten die Sterns von der Hand in den Mund. Der Börsenkrach von 1929 brachte die ohnehin angeschlagene Wirtschaft der Weimarer Republik ins Schlingern, und sie waren davon mitbetroffen; aber das tat ihrem ausgefüllten gesellschaftlichen und kulturellen Leben und ihrer Stimmung keinen Abbruch. Geld war eine Annehmlichkeit für sie, aber nicht wirklich wichtig. Es war immer genug da, um Freunde zu einem bescheidenen Abendbrot, starkem Kaffee oder einer Flasche billigem Wein einzuladen; unerschüttert von den drohenden Ausgaben des nächsten Tages verbrachten sie den Abend, in Zigarettenqualm gehüllt, mit Diskussionen über die letzten Ausstellungen, Theaterstücke, Romane und Vorträge. Eine Weile lebten die Sterns in Berlin, zogen dann nach Frankfurt und wieder nach Berlin, wo Stern seine literarische Laufbahn unter dem Pseudonym Günther Anders begann. Anfang 1933 floh Stern, der als einer der Mitarbeiter Bertolt Brechts für sein Leben fürchtete, nach Paris, und das war faktisch das Ende dieser Ehe.

Martin Heidegger bildete sicher ein häufiges Gesprächsthema von Günther und Hannah Stern, da beide seine Studenten und Bewunderer waren. Aller Wahrscheinlichkeit nach war ihr Mann der erste Mensch, von dem Hannah über Heideggers Vorliebe für »reinrassige« Deutsche erfuhr. Günther Stern erinnerte sich an eine lange Diskussion, die er 1926 oder 1927 mit seinem Mentor in dessen Haus gehabt hatte, wo er auch übernachtete, eine Diskussion, nach der er von den »politisch reaktionäre[n] Tendenzen« Heideggers und dessen glühendem Nationalismus überzeugt war.[18] Ein anderes Mal hatte Stern, mit einer Gruppe von Studenten in Heideggers Hütte in Todtnauberg zu Gast, diesen »sprachlos« gemacht, indem er einen Wettkampf gewann: Er schaffte es, fünf Minuten lang, viel länger als all die anderen Studenten, auf dem Kopf zu stehen. Heidegger »schien geradezu gekränkt darüber, denn das widersprach dem negativen Bilde, das er sich von mir machte...« Daß Stern überhaupt einen Kopfstand schaffte, und noch dazu länger als seine »großen blonden Lieblingsschüler«, konnte sein Professor nicht fassen. Am Morgen wanderte die ganze Gruppe nach Freiburg zurück, Stern »Hand in Hand« mit Frau Heidegger. Sie war so angetan von seiner sportlichen Kondition, daß sie ihm nahelegte, sich den Nazis anzuschließen, deren körperliche Fitneß sie bewunderte. Sie hatte keine Ahnung, daß Stern Jude war. »Schauen Sie mich an!« erwiderte er, »dann werden Sie erkennen, daß ich zu denen gehöre, die Sie auszuschließen wünschen«[19]. Es ist also anzunehmen, daß Arendt eine Vorstellung von der Atmosphäre hatte, die in Heideggers Haus herrschte.

Stern konnte und wollte an Arendts Gefühlen für Heidegger nichts ändern. In einem undatierten, wahrscheinlich Anfang 1929 geschriebenen Brief ließ sie Heidegger wissen, sie habe »Heimat und Zugehörigkeit von meiner Rastlosigkeit bei einem Menschen gefunden, von dem Du es vielleicht am wenigsten verstehen wirst...«, und sie erinnerte ihn an ihr letztes Rendezvous in Heidelberg, das ihr Vertrauen zu ihm erneut gestärkt und sie glücklich gemacht habe. Dieses Wiedersehen ermöglichte es ihr zu sagen: »So komme ich heute zu Dir in der alten Sicherheit u. mit der alten Bitte: vergiß mich nicht, und vergiß nicht, wie sehr u. tief ich weiß, daß unsere Liebe der Segen meines Lebens geworden ist.«[20]

Arendts Überzeugung, daß die Liebe, die sie für Heidegger empfand, eine Liebe, die von ihm sorgsam genährt, angefacht und schließlich zurückgewiesen wurde, der Segen ihres Lebens sei, könnte man – stark vereinfachend – als einen Fall von Masochismus interpretieren. Jahrelang nutzte Heidegger ihre Jugend und Unsicherheit aus, und obwohl sie unter der emotionalen Unausgewogenheit ihrer Beziehung und ihrer Furcht, ihn zu verlieren, litt, wurde ihr das nie zuviel. Die halbherzigen Versuche, die sie zu ihrer Befreiung unternahm, hielten ihn nicht davon ab, ihr Leben durcheinanderzubringen – wobei sie zugegebenermaßen voll mitmachte –, als sie mit Benno von Wiese »einfach glücklich« war und später, als sie bei Günther Stern eine »Heimat« zu finden glaubte. Aber sie befand sich gewissermaßen im Auge des Taifuns. Trotz all ihrer Bildung und ihres Bücherwissens war sie unerfahren im Umgang mit Männern und zutiefst romantisch, und diese Romantik erfüllte trotz aller Komplikationen oder gerade wegen dieser ein tiefes Bedürfnis. Leiden und Schmerzen bildeten in der Tradition von Goethes jungem Werther einen Teil dieser Romantik.

»...und wüßte doch so gern, so fast quälend gern, wie es Dir geht«, flehte sie, »was Du arbeitest, wie Dir Freiburg bekommt.« Im Gegensatz zu dem Brief vom 22. April 1928, der mit einer

Beschwörung des Todes endete, schloß dieser Brief mit einem zärtlichen »Ich küsse Dir Stirn und Augen«.[21]

Ein weiterer undatierter Brief wurde wahrscheinlich im September 1929 geschrieben, nach ihrer Hochzeit mit Günther Stern. Heidegger stattete dem Paar einen Besuch ab, und anschließend unternahmen Stern und er eine Reise miteinander. Hannah, die ihren Wunsch nicht unterdrücken konnte, einen letzten Blick auf ihren Liebhaber zu werfen, hatte sich vorgenommen, unerwartet am Bahnhof zu erscheinen. In dem Brief gestand sie ihm ihre Kühnheit – »verzeih«, bat sie ihn zweimal. In ihrer Phantasie, erklärte sie, habe sie ein Bild gesehen: »Du und Günther«, zusammen am Zugfenster stehend, »und ich allein auf dem Bahnsteig«. Und genauso geschah es. Sooft sie ihn sehe, schrieb sie, stürme die Vergangenheit mit der erneuten Erkenntnis auf sie ein, daß Heidegger »die Kontinuität meines Lebens« darstelle, »und die Kontinuität unserer – laß mich *bitte* sagen – Liebe«.

»Ich stand schon sekundenlang vor Dir, Du hattest mich schon gesehen eigentlich. Du hattest flüchtig aufgeschaut. Und Du erkanntest mich nicht.« Sie fühlte sich wie jemand, der unsichtbar ist. Eine schreckliche Kindheitserinnerung überfiel sie, ein Märchen, das ihre Mutter ihr vorgelesen hatte, über einen Zwerg, dessen Nase so groß wurde, daß ihn niemand mehr erkennen konnte. »Meine Mutter tat so, als ob das nun mit mir der Fall sei. Ich weiß noch genau den blinden Schreck, mit dem ich immer nur rief: Aber ich bin doch dein Kind, ich bin doch die Hannah. So ähnlich«, schrieb sie, »war das heute.«

»Und dann fuhr der Zug fast schon. Und es war so, wie ich es ja auch gleich dachte: Ihr beide da oben und ich allein und ganz machtlos dem gegenüber. Es blieb nichts, wie immer bei mir, als das geschehen lassen, als warten, warten, warten.«[22]

Und ähnlich wie Anna Karenina sah Hannah – verborgen in der Menge der Menschen im Bahnhof – ihren Liebhaber davonfahren, der keine Notiz von ihr nahm.

Heideggers Weltberühmtheit hatte natürlich zur Folge, daß Arendt gelegentlich von Meldungen über ihn erreicht wurde. Diese waren eher dazu angetan, sie noch verzweifelter auf ein persönliches Wort von ihm hoffen zu lassen, aber ihre früher geäußerte Bitte um Nachrichten scheint unbeantwortet geblieben zu sein. Wahrscheinlich Anfang 1933 fühlte sich Heidegger jedoch veranlaßt, auf einen ihrer Briefe zu reagieren – sein letztes Schreiben an sie bis 1950. Sie sei zutiefst beunruhigt über Berichte, die ihr zu Ohren gekommen seien, schrieb sie. Ob es wahr sei, daß er Juden von seinen Seminaren ausschließe? Jüdische Kollegen an der Universität nicht grüße? Seine jüdischen Doktoranden abweise? Und sich wie ein Antisemit verhalte? Das Wort »Jude«, bis dahin ein Tabu, wurde schließlich zu Papier gebracht, zuerst von Arendt, dann von Heidegger.

Heidegger war wütend. Im erregtem Ton, teils sarkastisch, teils ironisch, bestritt er die unbegründeten Gerüchte entschieden. Der Reihe nach zählte er die Gefälligkeiten auf, die er Juden erwies, beginnend mit seiner Aufgeschlossenheit gegenüber jüdischen Studenten, denen er großzügig seine Zeit zur Verfügung stelle, obwohl dies störend für seine eigene Arbeit sei, bis hin zu seinen Bemühungen um Stipendien für sie und seine Bereitschaft, ihre Dissertationen mit ihnen zu besprechen. Wer kommt in einer Notlage zu ihm? Ein Jude. Wer besteht darauf, dringend über seine Dissertation sprechen zu wollen? Ein Jude. Wer schickt ihm ein umfangreiches Werk, damit er es sofort rezensiere? Ein Jude. Wer bittet ihn um Hilfe, um einen Zuschuß zu bekommen? Ein Jude. Für wen hat er ein Stipendium in Rom in die Wege geleitet? Für einen Juden. Wenn irgend jemand diese Art von Verhalten als antisemitisch brandmarke, dann solle er nur. Er sei heute genausosehr Antisemit wie vor zwanzig Jahren und in Marburg – keine sehr subtile Anspielung auf sein Verhältnis mit Arendt. Denn mit anderen Worten sagte er: Wäre ich Antisemit, hätte ich dich dann geliebt? Was sowohl von seiner mangelnden Sensibilität als auch von seiner geringen Phantasie zeugt. Daß sich fanatische Judenhasser physisch von Jüdinnen angezogen fühlten, ist schon aus biblischen Zeiten bekannt.

Natürlich sei er es – schon während seiner gesamten Laufbahn – gewohnt, verleumdet zu werden, klagte er, wie könne er also Dankbarkeit von seinen Studenten erwarten? Ein Seitenhieb auf Arendt. Um seine aufgebrachte und nicht ganz logische Argumentation noch wirrer zu machen, beharrte Heidegger darauf, daß all dies Gerede über seinen angeblichen Antisemitismus nichts mit seinem persönlichen Verhältnis zu Juden zu tun habe, und erwähnte in diesem Zusammenhang einige jüdische Wissenschaftler, darunter Husserl. Und sicherlich könne sich dieser Antisemitismus (aber angeblich hatte er doch keinen) in keiner Weise auf seine Einstellung zu ihr auswirken. Mit seiner Verteidigung offenbarte Heidegger, daß er die Deutschen, seine Kollegen ebenso wie seine Studenten, tatsächlich in Juden und Nichtjuden einteilte. Und daß er sich dabei speziell auf Arendt bezog, weist darauf hin, wie bewußt ihm ihr Judentum war und wie sehr er den Eindruck vermeiden wollte, er habe ihr Verhältnis aufgrund von judenfeindlicher Gesinnung beendet – was ganz sicher nicht der Fall war.

Wie reagierte Arendt auf diesen Brief? War Heidegger tatsächlicher ein Opfer von Verleumdungen? Oder erkannte sie, daß er eine deutliche Grenze zwischen Deutschen und deutschen Juden zog, zwischen ihm selbst, einem Deutschen, und den deutschen Juden, seinen Kollegen und Studenten, denen er besonderes Entgegenkommen bewies? Diese Unterscheidung betraf auch sie und ihn: nicht eine Frau und ein Mann, sondern eine Jüdin und ein Deutscher.

Hätte sie gewußt, daß Heidegger im Oktober 1929 in einem Brief an einen hohen Beamten des Kultusministeriums vor der zunehmenden »Verjudung unseres *deutschen* Geisteslebens« gewarnt hatte, die nur durch die Förderung »neuer Kräfte« wettgemacht werden könne, dann hätte seine Haltung sie nicht überrascht. Schließlich war sie eine der künftigen Professorinnen, die in Heideggers Augen die Seele der deutschen Jugend »verjudeten«. Aber sie hat den Brief weder damals noch später zu Gesicht bekommen. Er tauchte erst 1989 auf.[23]

Über ihren Eindruck bzw. ihre Reaktion, über die sie natürlich mit niemandem sprach, kann man nur spekulieren. Da sie Heidegger maßlos idealisierte, ist nicht auszuschließen, daß sie den unwahrscheinlichen Gedanken, der Mann, den sie so gut zu kennen glaubte, sei in widerwärtige Machenschaften verstrickt, beiseite wischte. Doch war sie wirklich so blind, daß sie in dem immer wiederkehrenden Wort »Jude«, das in dem Brief wie Trommelschläge klingt, nicht zumindest ein Mißbehagen bei Heidegger spürte? Es sollte eine Zeit kommen, da sie Heidegger einen »potentiellen Mörder« nannte und ihn beschuldigte, Husserls Tod beschleunigt zu haben. Aber diese Zeit war noch fern, und noch später sollte sie ihre Worte wieder zurücknehmen.

Es ist nicht undenkbar, daß genau dieser Brief, zusammen mit der Nachricht von Heideggers Rektorat und seinem Eintritt in die NSDAP, Arendts Entschluß besiegelte, Deutschland zu verlassen. Sie fühlte sich verraten, nicht unbedingt von Heidegger, sofern sie seine Erklärung für bare Münze nahm, sondern von den deutschen Akademikern, Intellektuellen und Humanisten, die sie als Persönlichkeit geformt hatten, der jetzt keine andere Wahl blieb, als zu flüchten und eine heimatlose Jüdin zu werden.

5 Zehn Jahre später

Zehn Jahre dauerte es, bevor Arendt genügend Selbstvertrauen gewonnen hatte, um sich von dem Schwur loszusagen, den sie sich selbst gegenüber abgelegt hatte, »nie wieder einen Mann zu lieben«. In Paris lernte sie 1936 Heinrich Blücher kennen, wie sie ein deutscher Flüchtling. Wenn sie privat oder beruflich unterwegs war, korrespondierten sie, und ihre ersten Briefe an ihn verraten, wie unsicher sie nach ihrer Affäre mit Heidegger war. So versah sie ihren Brief auch dann nicht mit einer Anrede, als Blücher den seinen mit »Liebste« begann. Und ans Ende ihrer Briefe setzte sie nur ihre Anfangsbuchstaben. In Sorge, weil sie nichts von ihm hörte – der gefährdete Status »feindlicher Ausländer« in Frankreich rechtfertigte ihre Ängste –, bat sie ihn, bloß den Empfang ihrer Briefe zu bestätigen. »Dies soll Dich *keineswegs* verpflichten zu schreiben«, betonte sie ein bißchen seltsam. »Nur bestätigen.« Immer überließ sie es ihm, den ersten Schritt zu tun, so groß war ihre Angst vor Ablehnung. »Es war wirklich dumm, daß ich vergaß, Dir Deine Briefe zu bestätigen. Ich habe sie alle und ›bestätige‹ sie aus ganzem Herzen«, neckte Blücher sie. »Ich… dachte, mein Brief hat Dir nicht gefallen«, schrieb Arendt wie ein schüchternes Schulmädchen, »deshalb schreibst Du nicht.« Erst nachdem ihr Blücher schrieb, »Liebste, ich liebe Dich«, reagierte sie mit einem einschränkenden, »Liebster, ich glaub, ich liebe Dich.«[24]

In den verstrichenen Jahren hatte Arendt ihre Vergangenheit besser verstehen gelernt; jetzt sah sie Heidegger und sich selbst in einem klareren Licht. Aber das, was sie sah, trug kaum dazu bei, ihr ein Gefühl größerer Sicherheit zu geben: Zwar liebte Heidegger sie – so glaubte sie –, aber er demütigte sie auch und trieb sie rücksichtslos in die Enge, während sie nichts weiter tun konnte, als zu »warten, warten, warten«. Im Alter von dreißig

Jahren war sie ein Bündel von Hemmungen und Ängsten und mißtraute ihren eigenen Gefühlen ebenso wie denen Blüchers. Mit äußerster Vorsicht, argwöhnisch, unsicher, ließ sie sich Schrittchen für Schrittchen auf die neue Beziehung ein.

Diese Freundschaft, die stärkste Bindung, die Arendt und Blücher buchstäblich »bis daß der Tod uns scheidet« miteinander verband, entwickelte sich trotz Arendts Reserve und aufgrund von Blüchers hartnäckiger Überzeugung, daß sie zusammengehörten. Sie waren zwei Schiffbrüchige, die ihre Freunde und Familien, ihre Arbeit und ihre Träume zurückgelassen hatten – Träume, die ganz unterschiedlich waren: Die völlig apolitische Arendt strebte eine akademische Karriere an; Blücher, ein Proletarier ohne formale Bildung, kämpfte mit dem Gewehr in der Hand in den Reihen des linksradikalen Spartakusbundes und trat später der KPD bei. Sie wurde Flüchtling, weil sie Jüdin war, er, weil er Kommunist war. Beide brachten ihre Alpträume in das Exil mit, und die Alpträume brachten sie einander nahe.

Erschüttert über eine weitere Verhaftungswelle unter seinen Genossen in Deutschland, schilderte Blücher in einem Brief an Arendt einen Traum, den er immer wieder träumte, »weil ich Dir versprochen habe, alles zu sagen...«. Es war ein Alptraum von Henkern, Folterungen, langen Messern und atemlosen Fluchten durch düstere Treppenhäuser; er durchlebte darin hoffnungslose Versuche, der Gestapo zu entrinnen, einen in der Falle sitzenden Freund zu retten. Blüchers Alpträume, verschärft durch das Bewußtsein, daß er seine Freunde im Stich gelassen hatte, quälten ihn Tag und Nacht. Arendt begriff, was er ihr vermitteln wollte: Indem er seine Qualen und Schuldgefühle mit ihr teilte, wollte er ihr klarmachen, daß etwas sie miteinander verbinde, was weit über erotische Anziehung oder Zuneigung hinausging. Und darauf sprach sie an. In einem Brief, der die Anrede »Mein lieber Freund« trägt, schreibt sie, wenn »...Du mich gezwungen hast, Vertrauen zu haben, so doch nur zu Dir und nur unter vier Augen«.

Gegen Ende August 1936 (sie hatten sich bereits zwei oder drei Monate lang getroffen) war Arendt erstmals bereit, sich festzulcgen, wenn auch nicht ganz: »Daß ich Dich liebe – das hast Du schon in Paris gewußt, wie ich es wußte«, schrieb sie ihm aus der Schweiz. »Wenn ich es nicht sagte, so, weil ich Angst hatte vor den Konsequenzen. Und was ich heute dazu sagen kann, ist nur: Wir wollen es versuchen – um unserer Liebe willen. Ob ich Deine Frau sein kann, sein werde, weiß ich nicht.«

Blüchers Briefe waren herzlich, aber nicht sentimental, klug, aber nicht überwältigend oder herablassend, respektvoll gegenüber Arendts Geist und Unabhängigkeit, anteilnehmend, aber nicht besitzergreifend oder dominierend. »Ich habe nie gewußt, was es heißt, zu einem Menschen bedingungslos zu gehören...«, schrieb sie ihm. »Ich fühle mich in Deiner Liebe so sicher... Und ich liebe Dich mächtig, ungestüm und zärtlich.«[25]

Nach Heideggers erstickenden, berechnenden, oft schwülstigen, wenn auch romantischen Liebesbriefen waren die Blüchers wie ein frischer Lufthauch. Er achtete auf ihr geistiges und physisches Wohl, hatte keine Scheu, in alle persönlichen oder beruflichen Bereiche ihres Lebens hineingezogen zu werden, und übernahm so in unaufdringlicher, natürlicher Weise Verantwortung für sie. Er gab ihr die seltene Gelegenheit, schwach und unsicher und ängstlich zu sein. Als Arendt ihre Mutter in der Schweiz besuchte, schrieb er ihr, daß ihm alles, was sie betreffe, wichtig sei – sei es ihre, wie er wußte, nicht spannungsfreie Beziehung zu ihrer Mutter, sei es ihre Arbeit, ihre Ernährung, ihre Ruhe oder ein warmer Wintermantel.

Wahrscheinlich schreckte Arendt vor dem Vergleich zwischen Heidegger und Blücher und der Liebe, die beide ihr entgegenbrachten, zurück. Aber aus der Distanz vieler Jahre und im Exil lebend, sah sie sich mit anderen Augen. »Als ich Dich dann traf«, schrieb sie 1936 an Blücher, »da hatte ich endlich keine Angst mehr...« Sie brauchte lange, um sich an die Vorstellung zu gewöhnen, daß sie sowohl die »große Liebe« als auch ihre eigene Identität haben konnte, da sie jahrelang das eine gegen das andere eintauschen und mit sich selbst im Widerstreit hatte leben müssen. Ein solches Tauschgeschäft war unvereinbar sowohl mit der Liebe als auch mit der Freundschaft, die Blücher ihr entgegenbrachte, und sie gestand ihm: »Endlich weiß ich, was Glück wirklich ist.«

Sie erkannte, daß sie sich in Heideggers Liebe nie »sicher gefühlt« hatte. Trotz all seiner intellektuellen Vorzüge hatte ihr früherer Liebhaber ihre alten Ängste noch verschärft, die in Blüchers Gegenwart nun sehr langsam wichen. Mit Heidegger hatte sie in selbstauferlegter Sklaverei gelebt, sie hatte um der »großen Liebe« willen ihre Unabhängigkeit geopfert und deshalb kein Glück gefunden.

Obwohl Heideggers Liebe für sie immer ein kostbares Geschenk blieb, wurde ihr bewußt, daß die Liebe an sich, so leidenschaftlich und romantisch sie auch sein mag, Keime der Zerstörung in sich tragen kann. Je leidenschaftlicher und romantischer sie ist, desto zerstörerischer kann sie werden, wenn sie isoliert von den Realitäten des Lebens ist. Darüber hinaus konnte Arendt sich nicht von dem unbehaglichen Gedanken freimachen, daß Heidegger dem Regime Gefolgschaft geschworen hatte, das sie ihres Landes beraubt und sie heimatlos und staatenlos gemacht hatte.

Bezeichnenderweise hatte sie in ihrer Vorkriegskorrespondenz mit Blücher Heideggers Namen niemals erwähnt, aber es war nicht schwierig für Blücher zu erkennen, daß sie eine Frau war, die sich vor emotionaler Nähe und Preisgabe fürchtete. Zwar neckte er sie ein bißchen, weil sie das reservierte »ich glaub« vor das »ich liebe Dich« geschoben hatte, aber als sie ihm schrieb, »... Wenn ich nicht als ich existieren kann, wenn ich für die Liebe mit meiner Unabhängigkeit zahlen muß, existiere ich nicht als ich, weil ich meine Unabhängigkeit abgegeben habe«, da machte er sich sicherlich seinen Reim darauf. Doch selbst nachdem Arendt ihm (wahrscheinlich nach dem Krieg, als Heidegger seine Nazi-Vergangenheit vorgeworfen wurde) von ihrer Jugendliebe erzählt hatte, begriff der vernünftige und von der deutschen Leidenssehnsucht eher abgestoßene Blücher niemals ganz, daß ihre Wunden nicht verheilt waren, sondern sah ihre Affäre mit Heidegger als etwas Vergangenes an.

Für Blücher bedeutete Liebe mehr, als seine Gefährtin sich

selbst zu überlassen. Liebe war eine elektrisierende Kraft, körperlich, geistig, seelisch, die von den Partnern forderte, füreinander Räume zu eröffnen, in denen sie sich entwickeln, handeln und schaffen konnten. »Du wurdest, die Du bist«, schrieb er an Arendt. »Ich auch.« Unabhängigkeit und Abhängigkeit – untrennbar – waren für beide eine Quelle der Kraft. Und ebenso erotische Lust. »Ich habe Dich also, mein Kleines, aus einem Mädchen zum Weib gemacht? Wie wunderbar.« Offenbar war dies der Punkt, wo Heidegger versagt hatte, ohne daß Arendt erkannt hätte, daß sie bloß ein Objekt seiner Begierde gewesen war.

Nicht einmal die Sicherheit von Blüchers Liebe vermochte Arendts Selbstvertrauen völlig wiederherzustellen. 1937, als sie bereits zusammenlebten – sie hatte es nicht eilig zu heiraten –, schrieb sie ihm von Genf nach Paris: »Heinrich, schau, ich habe erst nur alle zwei Tage geschrieben, weil ich doch nicht wußte, wie Du es halten wirst, und weil ich mich fast sklavisch in solchen Dingen nach Dir richte. Denn – alte Weibsangst – man hat immer Angst, mit seiner Liebe oder ihrem Überschwang lästig zu werden.«[26]

Zehn Jahre nachdem Heidegger ihr eingeschärft hatte, ihm nicht ohne seine Erlaubnis zu schreiben, war sie immer noch halb gelähmt. Daß sie sich in »in solchen Dingen« nach Blücher richte, schrieb sie, bedeute, daß Frauen aus Furcht zu handeln nur reagieren könnten. Es ist nur natürlich, daß sie ihre eigenen Ängste auf das ganze Geschlecht übertrug; Frauen sind zu Verhalten dieser Art konditioniert worden, und Heidegger hatte den »sklavischen« Zug bei ihr noch verstärkt. Hannah Arendt war zwar eine unabhängige und unkonventionelle Frau, wie sowohl aus ihren Verwicklungen in Liebesdingen als auch daraus hervorgeht, daß sie die Universitätslaufbahn wählte (obwohl beides in kosmopolitischen Kreisen nicht ungewöhnlich war), in Herzensangelegenheiten jedoch überließ sie den Männern die Initiative und die Steuerung.

6 Heideggers Verstrickung in den Nationalsozialismus

Die Kontroverse über Heideggers Verstrickung in den Nationalsozialismus und seine Unterstützung des NS-Regimes begann unmittelbar nach Ende des Zweiten Weltkriegs, flammte Ende der vierziger und Mitte der sechziger Jahre immer wieder für relativ kurze Perioden auf und explodierte Ende der achtziger mit der Veröffentlichung eines nicht ganz zuverlässigen Buches »Heidegger et le nazisme« (1987) von Victor Farias. Hugo Otts Artikel zu dem Thema, die Farias' Werk vorangingen, waren in wissenschaftlichen Fachzeitschriften erschienen und kaum beachtet worden. Farias, Privatdozent am Lateinamerika-Institut der Freien Universität Berlin, brachte sein Buch in Frankreich heraus, da es ihm nicht gelang, in Deutschland einen Verlag zu finden – so fest saß der Deckel, der Heideggers Vergangenheit schützte (die deutsche Ausgabe erschien 1989). Der französischen Ausgabe von Farias' Buch folgte ein genauestens recherchiertes und zutreffend betiteltes Buch von Hugo Ott: »Martin Heidegger – Unterwegs zu seiner Biographie« (1988). Mit diesem Titel signalisierte Ott, daß es ihm unmöglich war, eine umfassende Biographie zu schreiben, da er an Heideggers Archive nicht herankam.

Heidegger hat seine Apologeten und seine Kritiker; Philosophen (einige davon ehemalige Schüler) und Historikerinnen, Psychologen, Soziologinnen, Politologinnen, Journalisten und Studenten, alle brennen darauf, ihren Beitrag zu der Debatte zu leisten, ob er Nazi und Antisemit war oder nicht. Und falls ja, ob seine politische Gefolgschaft, die gewöhnlich als »Irrtum« bzw. als »Nazi-Episode« bezeichnet wird, sein philosophisches Denken prägte.

Letzten Endes, lautet die Argumentation seiner Apologeten, sei es Heideggers Philosophie, die allein zähle, ungeachtet seiner persönlichen Moral. Wer erinnere sich schon noch daran, daß Richard Wagner, das Musik-Genie, ein unverhüllter Judenhasser, daß L. F. Céline, der bekannte französische Schriftsteller, erklärter Faschist war? Daß Ezra Pound sein Land verriet? Heideggers Kritiker dagegen weigern sich, die Moral des Mannes getrennt von seiner Philosophie zu sehen, und durchforsten seine Werke nach Verbindungen zwischen seiner politischen Haltung und seinem Denken. Daß es das Motiv gibt, wenn schon nicht die Philosophie, so doch die Moral eines der einflußreichsten Philosophen des 20. Jahrhunderts zu hinterfragen, ist ebenso verständlich, wie daß die Deutungen seines Verhaltens und seiner Äußerungen in der Zeit 1933–45 und danach völlig unterschiedlich sind. Ähnlich wie bei den Worten des Talmud werden seine Schriften, seine Reden und sein Schweigen einer genauen Prüfung unterzogen, kommentiert und bis in die letzte Silbe interpretiert, um eine Behauptung zu beweisen oder zu widerlegen. Seine berüchtigte Bemerkung über »die innere Wahrheit und Größe« des Nationalsozialismus, die er im Rahmen seiner Vorlesungen von 1935 machte und die in der Ausgabe von 1953 seiner »Einführung in die Metaphysik« beibehalten wurde, wird abwechselnd als Beweis für Heideggers unveränderte Einstellung zum Nationalsozialismus herangezogen oder aber als »völlig irrelevant« hingestellt, nur »en passant« erwähnt, »in einen Nebensatz verbannt« und durch »die Art von philosophischem Denken, die Heidegger 1953 betrieb«, wegerklärt[27]. Dasselbe gilt für seine Feststellung: »Der Führer selbst und allein *ist* die heutige und künftige Wirklichkeit und ihr Gesetz.«[28] Viele andere ähnliche Äußerungen werden auseinandergenommen und den verschiedensten Deutungen unterworfen, obwohl gar keine Deutung nötig erscheint. Oder keine nötig wäre, hätte der Nationalsozialismus sein Ziel erreicht. In politischen Fragen äußerte sich Heidegger mit bewundernswerter Klarheit, denn im Gegensatz zu seiner Philosophie, die er für eine geistige Elite reservierte, waren diese politischen Äußerungen darauf zugeschnitten, ein anderes, breiteres Publikum anzusprechen. Was im Gegensatz zu der akribischen Erforschung seiner während des NS-Regimes gemachten Äußerungen fehlt, ist eine umfassende und haltbare Analyse von Heideggers moralischem und politischem Standort *vor* der Machtübernahme von 1933.

Die in zufällig entdeckten Papieren verstreuten Belege, wie Heideggers Brief von 1929, in dem er vor der »Verjudung« des deutschen Bildungswesens warnt und die wir dem Briefwechsel Dritter wie etwa zwischen Karl Jaspers und Hannah Arendt verdanken, oder Aussagen von ehemaligen Studenten Heideggers, wie Herbert Marcuse, Günther Stern oder Max Müller, füllen die Lücke nur teilweise, müssen aber natürlich berücksichtigt werden. Die Antisemitismusfrage kehrt als Motiv der Forschung, die sich mit Heideggers Vergangenheit beschäftigt, immer wieder. Antijüdische Tendenzen waren unter deutschen Intellektuellen nicht ungewöhnlich; in diesem Punkt also war Heideggers Einstellung nicht besonders originell. In keinem anderen Land wurde das »Wesen« der Juden von Philosophen, Historikern, Politikern, religiösen Vordenkern und Schriftstellern so gründlich durchleuchtet wie in Deutschland. Dieser Hang, die jüdische Psyche, »Rasse«, Nation, Religion, Tradition und Kultur, jüdische Werte und jüdisches Verhalten zu analysieren, geht auf Luther zurück und findet sich auch bei Kant, Hegel, Marx und Richard Wagner, um nur die Prominentesten zu nennen, und diese Fragen sind bis zum heutigen Tag ein Gegenstand wissenschaftlichen Diskurses.[29] Ohne zu einem befriedigenden Ergebnis zu kommen, haben die Deutschen versucht, das Rätsel des Überlebens jenes Volkes zu lösen, das schon vor Jahrhunderten aufgehört hätte zu existieren, wenn sein schwer zu durchschauendes, fremdes »Wesen« es nicht vor dem Untergang bewahrt hätte. Es gab Deutsche, die für die jüdische Emanzipation und die Gleichberechtigung der Juden kämpften, andere vertraten die Auffassung, daß die Juden verbannt oder ausgewiesen werden sollten, wieder andere sahen eine Möglichkeit, sie in die deutsche Nation zu integrieren, vorausgesetzt, daß sie ihr Judentum ablegten, was vor allem bedeutete, daß sie sich von ihrer Geldgier freimachen, daß sie idealistischer werden und lernen sollten, die

Menschheit so zu lieben, wie es die Deutschen tun. Diesen Integrationsstandpunkt teilte Heidegger nicht. Als ihn Jaspers 1933 auf den »bösartigen« Unsinn angeblicher »Protokolle der Weisen von Zion« aufmerksam machte, antwortete er: »Es gibt doch eine gefährliche internationale Verbindung der Juden.«[30]

Auch Heideggers Verteidigung der deutschen humanistischen Werte, die durch die Entwicklung der Technik gefährdet seien, hat ihre Wurzeln in einem erbittert geführten Kampf, der bis in die Mitte des 19. Jahrhunderts zurückreichte: Die Humanisten, die für ihre Stellung als geistige Führer und für die Reinheit des Geisteslebens fürchteten, verteidigten die Universitäten gegen die Invasion der utilitaristischen Naturwissenschaftler. Sie verteidigten darüber hinaus die akademische Elite gegen den Ansturm »halbgebildeter« Studenten der Naturwissenschaften (viele davon Juden), die geprägt waren von materialistischen Wertvorstellungen im Gegensatz zu reinen, abstrakten Ideen. Es war ein Kampf um Macht, da die Humanisten bei all ihrem Idealismus durchaus Einfluß auf das politische Leben, die Regierung und das Bildungswesen ausübten. Die Auseinandersetzung zwischen dem vermeintlich ausschließlich auf Bildung und die ewigen Fragen des menschlichen Geistes konzentrierten Humanisten und dem Wissenschaftler, dem es in erster Linie um »Fortschritt« ging, das heißt um den vulgären Materialismus des Maschinenzeitalters, wurde von Heidegger noch um einen Schritt weitergetragen.*

Heidegger vertrat die aus der Romantik stammende Überzeugung, daß in Deutschland das Geistesleben bestimmend sei, welches die Deutschen zu ganz besonderen Humanisten mache, vergleiche man sie mit den rationalen Franzosen, dem Kaufmannsvolk der Engländer und den technikbesessenen Amerikanern. Auch noch »[n]ach Stalingrad und nach Auschwitz betonte Heidegger…, daß allein die Deutschen mit ihrem einzigartigen

* Fritz K. Ringer, »The Decline of the German Mandarines, the German Academic Community, 1890–1933«. Harvard University Press, Cambridge/Mass. 1969.

Bezug zu den Griechen eine ›weltgeschichtliche Besinnung‹ in Gang bringen und gegen die ›Kleingeisterei der modernen Welt‹ das Abendland... retten können; wenn es überhauupt auf ein ›Siegen‹ ankomme, dann habe dieses Volk schon gesiegt, sofern es das Volk der Dichter und Denker bleibe...«[31] Die reine, unbesudelte deutsche Sprache, glaubte Heidegger, sei das einzig wahre, das vorzüglichste Medium für Philosophen: »Wenn sie [die Franzosen] zu denken anfangen, sprechen sie deutsch; sie versichern, sie kämen mit ihrer Sprache nicht durch.«[32]

Wie etliche andere behauptet auch Jaspers, Heidegger habe keinen Rassismus auf biologischer Grundlage vertreten. Ohne jeden Zweifel habe Heidegger weder die physische Ausrottung der Juden befürwortet, noch habe er persönlich am Bau der Gaskammern mitgewirkt. Und doch, so muß man heute sagen, beteiligte er sich an der Umsetzung der von den Nazis erlassenen Gesetze, die die Juden ihrer Bürgerrechte beraubten und die Reinheit der »deutschen Rasse« erhalten sollten. Am 3. November 1933 unterzeichnete der Rektor Heidegger eine Reihe von Bestimmungen für die Universitätsstudenten im Land Baden, die in der Freiburger Studentenzeitung veröffentlicht wurden. Diese Bestimmungen betrafen Studenten, die Mitglied der SA, SS oder anderer paramilitärischer Organisationen waren und die in den »letzten Jahren« (d. h. vor der Machtübernahme der NSDAP) aktiv für die Verwirklichung nationaler Ziele gekämpft hatten. Die Anträge dieser Studenten auf Gebührenbefreiung, Stipendien etc. sollten bevorzugt behandelt werden. »Dagegen dürfen an jüdische oder marxistische Studierende Vergünstigungen nicht mehr gegeben werden... Jüdische Studierende... sind, laut den am 11. April 1933 in Kraft getretenen Verordnungen, »Studierende nichtarischer Abstammung«. »Das Verbot... findet also auch auf solche Studierende nichtarischer Abstammung Anwendung, die aus Ehen stammen, bei denen ein Elternteil und zwei Großeltern arischer Abstammung sind und deren Väter im Weltkriege an der Front für das Deutsche Reich und seine Verbündeten gekämpft haben. Von dem Verbot ausgenommen sind nur solche Studierende nichtarischer Abstammung, die selbst

Frontkämpfer gewesen sind oder deren Väter im Weltkriege auf deutscher Seite gefallen sind.«[33] Zugegebenermaßen handelte Heidegger wie andere Rektoren auf Befehl, doch hat ihn niemand in dieses Amt gezwungen.

Heideggers antijüdische Gesinnung basierte nicht auf religiösen oder wirtschaftlichen Gründen. Er ließ sich wohl kaum von vulgären Klischeevorstellungen leiten; schließlich zählten zu seinen Hörern Persönlichkeiten wie Herbert Marcuse, Karl Löwith, Hans Jonas oder Hannah Arendt, deren geistiges Potential ihn beeindruckte. Aber es beunruhigte ihn auch. Die deutsche Jugend sollte nach seiner Auffassung von reinrassigen Deutschen unterrichtet werden, die allein die Träger der überlegenen Kultur und damit allein fähig seien, deutsche Wertvorstellungen zu bewahren und weiterzugeben. Wie für viele seiner Vorgänger und seiner Zeitgenossen war die Gefahr des zersetzenden Einflusses der Juden auf die deutsche Jugend auch für ihn etwas sehr Reales. In seinem Brief vom 20. Oktober 1929 an Victor Schwörer, den stellvertretenden Präsidenten der Hilfsorganisation für deutsche Wissenschaftler, schrieb er: »Was ich in meinem Zeugnis [zugunsten eines Stipendiums für Dr. Eduard Baumgarten, Heideggers Studenten, (vgl. S. 70 ff.)] nur indirekt andeuten konnte, darf ich hier deutlicher sagen: es geht um nichts Geringeres als um die unaufschiebbare Besinnung darauf, daß wir vor der Wahl stehen, unserem *deutschen* Geistesleben wieder echte bodenständige Kräfte und Erzieher zuzuführen oder es der wachsenden Verjudung im weiteren und engeren Sinne endgültig auszuliefern.«[34]

Bereits vor 1933, das heißt, schon bevor Heidegger zum Rektor ernannt wurde und der Partei beitrat, hatte ihn die große Anzahl jüdischer Medizinstudenten beunruhigt. In Gesprächen bemerkte er, daß »ursprünglich nur zwei jüdische Ärzte [an der Freiburger Universität] in der Internistik tätig waren, dann schließlich aber in diesem Fach nur noch zwei Nichtjuden anzutreffen waren«. Dazu sein Student Max Müller: »Das hat ihn schon etwas geärgert.«[35]

Daß Heidegger kein simpler Rassist im Sinne der NS-Ideologie war, trägt zur Verwirrung seiner Apologeten und Kritiker bei. Indessen weigerte er sich nach dem Krieg, seine Äußerungen öffentlich zu widerrufen oder sich davon zu distanzieren. Hätte er das getan – so dachte er wohl –, dann hätte er sich mit den Nazi-Kriegsverbrechern auf eine Stufe gestellt, die des Völkermords angeklagt waren, und den hatte er weder gewollt noch unterstützt. Dennoch traf ihn der Vorwurf Herbert Marcuses: »Sie haben niemals öffentlich Handlungen oder Ideologien des Regimes verurteilt. Aufgrund dieser Umstände werden Sie noch heute mit dem NS-Regime identifiziert... Wir können den Philosophen Heidegger nicht von dem Menschen Heidegger trennen.« Heidegger erklärte daraufhin: »Ich erwartete vom Nationalsozialismus eine geistige Erneuerung des Lebens in seiner Gesamtheit... und die Errettung der westlichen Existenz vor der Gefahr des Kommunismus...« Die Ausrottung der Juden sei eine Frage des Standpunkts, gab er zu bedenken. Wenn man statt »Juden« »Ostdeutsche«, einsetze, die durch Verfügung der Alliierten aus den ehemaligen deutschen Ostgebieten vertrieben worden waren, dann würden die Alliierten noch schlechter dastehen, da die Vertreibung der Weltöffentlichkeit bekannt sei, »während der blutige Terror der Nazis vor dem deutschen Volk tatsächlich geheimgehalten worden ist«. Marcuse war nicht der einzige, der Heidegger zuredete, »ein öffentliches Bekenntnis Ihrer veränderten Auffassungen abzulegen«, wie er es formulierte.[36] Rudolf Bultmann, Heideggers alter Philosophen-Freund, legte ihm 1945 nach einem erfreulich verlaufenen Wiedersehen nahe: »Nun mußt du... wie Augustin ›Retractiones‹ schreiben... nicht zuletzt der Wahrheit deines Denkens zuliebe.« – »Heideggers Gesicht wurde zu einer steinernen Maske«, berichtete Bultmann. »Er ging, ohne noch etwas zu sagen.«[37]

Da war noch jemand, ein Dichter und Bewunderer von Heideggers Denken, der die Hoffnung hegte, daß Heidegger zumindest im persönlichen Umgang etwas, irgend etwas sagen werde, um die zwischen dem Dichter und dem Philosophen klaffende Kluft zu überbrücken. Das war Paul Celan, 1920 im rumänischen Czernowitz als Paul Antschel geboren. In seiner »Todesfuge« schrieb er die unvergeßlichen Worte: »Der Tod ist ein Meister aus Deutschland.« Zerrissen zwischen seinem jüdischen Erbe, der Bindung an Europa, dem Deutschen, der Sprache seiner Dichtung, zwischen Zionismus, Sozialismus, Mystizismus und der Realität der Judenvernichtung, ein Fremder in der Welt ohne sicheren Halt, klammerte er sich an Heideggers Philosophie. Heidegger bewunderte Celans Dichtung und brannte darauf, ihn kennenzulernen. 1967 besuchte Celan Heidegger in Todtnauberg. Aber während des Zusammentreffens schwieg Heidegger zu diesem Punkt. Er verwies Celan lediglich auf das 1966 aufgezeichnete »Spiegel«-Interview, das nach seinem Tod veröffentlicht werden sollte.

Niedergeschmettert verließ Celan Todtnauberg. Auf dem Rückweg schrieb er ein Gedicht, »Todtnauberg«. In der ersten Strophe erinnert er sich an »Arnika« und »Augentrost«, Pflanzen, die er auf dem Weg zu Heideggers Hütte bemerkt hatte: das seien Heilpflanzen – Arnika heile den Körper, Augentrost die Seele. Und er schrieb über den Brunnen, der in der Bildwelt Celans die Vergangenheit, die Erinnerung an Vergangenes und das Gedächtnis repräsentiert. Er hatte sich einen erfrischenden Trunk aus dem Brunnen von Todtnauberg erhofft. Seelisch und körperlich ungeheilt, mit verdorrter Zunge kehrte er nach Paris zurück. Kein geistiger Brückenschlag war möglich zwischen dem Juden, dem ehemaligen Insassen eines Arbeitslagers, der Heidegger gebraucht hätte, um mit der Vergangenheit Frieden zu schließen, und dem Deutschen, der den Dichter bewunderte, aber den Juden nicht verstehen konnte. Eine weitere Begegnung drei Jahre später verlief ebenso enttäuschend für Celan. 1970 nahm er sich das Leben.

Der einzige Anlaß, bei dem Heidegger die »Fabrikation« jüdischer Leichen durch die Nazis öffentlich erwähnte, war ein Vortrag, den er 1949 in Bremen hielt. »Die Landwirtschaft ist jetzt eine motorisierte Nahrungsmittelindustrie«, sagte er, »im wesentlichen ist sie dasselbe wie die Fabrikation von Leichen in den Gaskammern, dasselbe wie die Blockierung und das Aushungern der Landschaft, dasselbe wie die Erzeugung der Wasserstoffbomben.«[38]

Heideggers Verstrickung in den Nationalsozialismus blieb, sooft sie zur Sprache kam, auf »zehn kurze, hektische Monate« (Arendt) oder bestenfalls zwölf Monate reduziert, nämlich die Periode seiner Amtszeit als Rektor an der Freiburger Universität. Heidegger trat am 1. Mai (aus Gründen der Symbolik?) 1933 der NSDAP bei und blieb offizielles Mitglied, bis die Partei im Mai 1945 zu bestehen aufhörte. Er war also nicht zehn oder zwölf Monate aus freien Stücken Nationalsozialist, sondern zwölf Jahre, auch wenn er nur ein Jahr lang die Machtposition des Rektors innehatte. Er gab seinen weltberühmten Namen für das Regime her, indem er unter anderem Deutschlands Rückzug aus dem Völkerbund forderte und sein Land mit dem Parteiabzeichen auf dem Revers bei internationalen Kongressen vertrat, indem er seine Werke veröffentlichte, unterrichtete und am universitären Leben teilnahm. Diese Handlungen summieren sich zu einem bewußten und aktiven Beitrag zur nationalsozialistischen Herrschaft.

Ob Heidegger Antisemit war, scheint von untergeordneter Bedeutung. Jaspers behauptete, daß er es in den zwanziger Jahren sicher nicht gewesen sei, obwohl nicht klar ist, wie er, Jaspers, zu dieser Schlußfolgerung kam. Als er selbst 1928 Heidegger Wissenschaftler für eine Universitätsstelle empfahl, versah er die Liste von deren Qualifikation mit dem Zusatz »Jude« oder »auch ein Jude«, was als Warnung oder Information, nicht als Kompliment gedacht war.[39] Andere (Karl Löwith, Max Müller, Günther Stern) sagten Heidegger eindeutig antisemitische Tendenzen nach. Aber das sind müßige Spekulationen. Ob man Antisemit ist oder nicht, ist kein unwiderlegbarer Beweis für Menschlichkeit oder nicht. Es hat Antisemiten gegeben, die im Zweiten Weltkrieg ihr Leben riskiert haben, um Juden zu retten. Antisemitismus ist ein Fehler, eine Schwäche, ein Vorurteil. Was im 20. Jahrhundert einen Menschen ausmacht, ist seine Haltung zum Faschismus, ganz gleich welchen nationalen Ursprungs dieser ist. Grundlage des Faschismus bildet ein Bündel verblendeter Ideale: das Bewußtsein, eine geistige Mission zu haben, eine Nation retten und Rassenreinheit durchsetzen zu müssen, der Wille zur Macht, Verherrlichung des Staates, Führerkult. Auf dieser Grundlage wird ein Überbau errichtet, der darin gipfelt, Menschen ihres Menschseins zu berauben, sie zu demütigen und durch offene und verdeckte Gewalt in die Opferrolle zu drängen. Der Faschismus erhebt die niedersten Instinkte von Menschen, seien es Akademiker, Intellektuelle, Bürokraten, Technokraten, seien es Arbeiter oder Bauern, auf die Stufe einer Ideologie. Die drei »Dienste«, die Heidegger an der Freiburger Universität verwirklicht sehen wollte, Arbeitsdienst, Wehrdienst und Wissensdienst, zeugen von der Reichweite und den Zielsetzungen dieses Enthumanisierungsprozesses: durch Instrumentalisierung von Arbeit, Militärdienst und Bildung. Insofern war Heidegger Faschist.

Die Geschichte von Heideggers Eintreten für das NS-Regime ist weder außergewöhnlich noch schwer zu verstehen. Traditionellerweise war die deutsche Geisteselite immer für den Einsatz von militärischer Gewalt zur Verteidigung der deutschen Kultur gewesen. Während 1914 lediglich dreiundneunzig Hochschulprofessoren und Künstler – unter ihnen auch Thomas Mann – ihre Unterstützung für den Kaiser und den, wie sie behaupteten, zur Verteidigung der deutschen Kultur geführten Krieg zum Ausdruck brachten, fanden die Nazis 1931 an den Universitäten doppelt soviel Unterstützung wie im gesamten Land. Dreihundert Hochschullehrer bekannten sich im März 1933 zu Hitler. Durch beides – sowohl dadurch, daß sie den Ersten Weltkrieg für gerechtfertigt erklärt hatten, als auch durch ihr Eintreten für die Ziele des Nationalsozialismus – hoben die Intellektuellen die Notwendigkeit einer »Erneuerung« deutschen Lebens, Geistes und deutscher Kultur hervor. Daß Heidegger sich an der von den Nazis angeführten »geistigen Erneuerung« beteiligte, spiegelte also lediglich eine lange Tradition wider und setzte diese fort. Die Frage, warum sich der Philosoph mit einer politischen Partei verbündete, deren Ziele in Hitlers »Mein Kampf« klar dargelegt waren, ist nicht dadurch beiseite zu schieben, wie es Heidegger und seine Apologeten taten, daß man sagt, er habe sich nie die

Mühe gemacht, das Buch zu lesen, oder feststellt, daß sich Philosophen grundsätzlich von Tyrannen angezogen fühlen. Heidegger war von der Macht angezogen. Ein solches Phänomen ist nicht ungewöhnlich bei Menschen von bescheidener Herkunft (wenn auch keineswegs auf solche Menschen beschränkt), und es zeigte sich auch darin, mit welcher Lust er seine Macht über seine Studenten, über Hannah Arendt, über Karl Jaspers oder über Elisabeth Blochmann ausübte. Aber im nationalsozialistischen Deutschland ging es um mehr. Heidegger sah hier eine Möglichkeit, die Herrschaft über das gesamte Bildungswesen zu erlangen und – noch wichtiger – der geistige Führer der neuen Ideologie zu werden, »des Führers Führer«, wie auch Hugo Ott es nannte[40].

Normalerweise nimmt man, wenn man Heideggers Verbindung zum Nationalsozialismus untersucht, seine Ernennung zum Rektor der Albert-Ludwigs-Universität in Freiburg als Ausgangspunkt. Über diese Ernennung existieren zwei verschiedene Versionen: die Heideggers, der behauptete, der amtierende Rektor und viele Kollegen hätten ihn gebeten, die Ernennung anzunehmen, die er weder gewollt noch gesucht habe; und das (von Hugo Ott) reich dokumentierte Szenarium von Heideggers Verhandlungen hinter den Kulissen mit dem preußischen Kultusministerium, um dieses Amt zu bekommen. Während Heidegger behauptete, seine Ernennung sei einstimmig erfolgt, hat Ott klargestellt, daß dreizehn der 39 Fakultätsmitglieder aus »rassischen Gründen« von der Abstimmung ausgeschlossen waren. Die Freiburger NS-Zeitung »Der Alemanne« bejubelte die Wahl des neuen »Führers«, wie Heidegger offiziell genannt werden sollte. In der Rektoratsrede, »Die Selbstbehauptung der deutschen Universität«, die er anläßlich der Feierlichkeiten zu seiner Amtseinführung hielt, umriß Heidegger den »historischen Auftrag« der Universität, ihrer Lehrer und Studenten.

Das Kernstück der Ansprache präsentiert eine revolutionäre Umwertung der universitären Bildungsziele durch Einführung einer dreifach verankerten Bindung der deutschen Studentenschaft: durch Arbeitsdienst, Wehrdienst und Wissensdienst – in eben dieser Reihenfolge. In den Nachkriegsjahren erklärte Heidegger dazu kleinlaut: »Der Wissensdienst steht zwar in der Aufzählung an dritter Stelle, aber dem Sinne nach ist er an die erste gesetzt.«[41] Wie irgend jemand damals darauf hätte kommen sollen, insbesondere da Heidegger hervorhob, »die drei ... Dienste ... sind gleich notwendig und gleichen Ranges«, ist unklar. »Die vielbesungene ›akademische Freiheit‹ wird aus der deutschen Universität verstoßen; denn diese Freiheit war unecht, weil nur verneinend. Sie bedeutete vorwiegend Unbekümmertheit, Beliebigkeit der Absichten und Neigungen, Ungebundenheit im Tun und Lassen. Der Begriff der Freiheit des deutschen Studenten wird jetzt zu seiner Wahrheit zurückgebracht.«[42]

Abgesehen davon, daß die »verneinende« akademische Freiheit in der Weimarer Republik nur verschwommen beschrieben und die »Ungebundenheit im Tun und Lassen« gar nicht definiert wurde, gab Heidegger hier seine äußerste Verachtung für die schwächlichen Versuche dieser Freiheit in einer demokratischen Regierung und seine hohen Erwartungen gegenüber den neuen Machthabern zu erkennen. Die Rede ist gespickt mit Begriffen wie »geistiger Auftrag«, »geistige Gesetzgebung«, »geistige Welt«, »geistig-geschichtliches Dasein«, »geschichtliche[r] geistige[r] Auftrag«, »geistige Kraft« und »deutsches Schicksal« sowie mit der ständigen Beschwörung des »deutschen Volkes«, Hitlers rhetorischer Lieblingsformel.

»Die deutsche Studentenschaft ist auf dem Marsch«, verkündete Heidegger. Ein Zitat von Carl von Clausewitz und das militärische Vokabular – Kampf, Macht, Ehre, Bereitschaft, äußerste Not – spiegeln den Tenor der Rede. »Alle willentlichen und denkerischen Vermögen, alle Kräfte des Herzens und alle Fähigkeiten des Leibes müssen *durch* Kampf entfaltet, *im* Kampf gesteigert und *als* Kampf bewahrt bleiben«, stand in Einklang mit »Mein Kampf«.[43]

In seinem 1945 verfaßten »Das Rektorat 1933/34: Tatsachen und Gedanken« erklärte Heidegger, daß er das Wort »Kampf« verwendet habe, »nur philosophisch gedacht«. Genauer: »Der ›Kampf‹ ist gedacht im Sinne des Heraklit, Fragment 53.« Es ist jedoch unwahrscheinlich, daß seine Leser und Zuhörer 1933 dieses Wort, ohne daß er diese Deutung in seiner Rede hinzufügte, in einem anderen als dem üblichen Sinn verstanden hätten. Heidegger beklagte sich bitter, daß »die Rede... von denen, die sie anging, nicht verstanden [wurde]«, daß er, ein einsamer Rufer in der Wüste, umgeben von Mittelmäßigkeit, Ignoranz und Mißgunst, jetzt böser Absichten bezichtigt werde, die er nie gehabt habe. Doch räumte er ein, daß »die positiven Möglichkeiten, die ich damals in der [NS-]Bewegung ersah, betont und bejaht werden müßten«, weil »die sofortige und bloße Opposition [hätte] weder meiner damaligen Überzeugung (die nie Parteigläubigkeit war) entsprochen [hätte], noch wäre sie klug gewesen.«[44] Darin allerdings, daß er sich vor, während und nach dem Krieg klug verhalten habe, kann man Heidegger kaum widersprechen.

Karl Jaspers schrieb ihm einen Gratulationsbrief. Die Rektoratsrede, lobte er, besitze eine »glaubwürdige Substanz«, weil Heidegger die Verbindung hervorgehoben habe, die zwischen den Deutschen und den alten Griechen bestehe, und das habe ihn »wieder wie eine neue und sogleich wie selbstverständliche Wahrheit« berührt. »Mein Vertrauen zu Ihrem Philosophieren...«, schrieb er, »wird nicht gestört durch Eigenschaften dieser Rede, die zeitgemäß sind, durch etwas darin, was mich ein wenig forciert anmutet und durch Sätze, die mir auch wohl einen hohlen Klang zu haben scheinen. Alles in allem bin ich nur froh, daß jemand so sprechen kann, daß er an die echten Grenzen und Ursprünge rührt.«[45] Das war das letzte Mal, daß Jaspers etwas Positives über seinen Freund zu sagen hatte.

Heideggers Schüler und Hannah Arendts Freund, der Philosoph Hans Jonas, bewertete die Rede anders. »1933 als er diese berüchtigte und mit Recht auch im philosophischen Sinne verräterische und im tiefsten eigentlich für die Philosophie blamable Rektoratsrede hielt, war ich einfach entsetzt und sprach mit Freunden darüber und sagte: das von Heidegger, dem bedeutendsten Denker der Zeit. Worauf ich hören mußte: ›Wieso bist du so erstaunt, das steckte doch drin, das konnte man irgendwie schon aus der Art seines Denkens entnehmen.‹ Das wurde mir dann auch aus gewissen Zügen des Heideggerschen Denkens belegt und ich schlug mir auf die Stirn und sagte: Ja, da habe ich etwas nicht bemerkt.«[46] Benedetto Croce bezeichnete die Rede sogar als »dumm und zugleich servil«.[47]

Hugo Ott vertritt die Auffassung, daß der Kriegsheld Hermann Göring – der an dem Münchner »Hitlerputsch« von 1923 teilgenommen hatte und seit 1933 Reichsminister und als preußischer Innenminister Begründer und Chef der Gestapo war – derjenige gewesen sei, der Heidegger inspiriert habe. In ihm habe Heidegger ein »Leitbild des neuen deutschen Menschen« erblickt – ein passendes Gegenstück zum »neuen Sowjetmenschen« –, körperlich gestählt und kraftstrotzend, eine Personifizierung von Kampfbereitschaft und soldatischem Geist[48].

Heidegger genoß seine Rolle als »Führer« der Freiburger Universität und engagierte sich persönlich für den Aufbau einer paramilitärischen Studenten-SA. So sprang er etwa aus seinem Dienstwagen, um sich – in militärischer Haltung, die etwas kurz geratene Gestalt hochgereckt, hackenschlagend grüßend – von einem Gruppenführer, der gerade mit einer Studentenkompanie exerzierte, Meldung machen zu lassen – das perfekte Kriegsspiel, bei dem nur die Uniform fehlte. Im Umkreis seiner Todtnauberger Hütte organisierte und leitete er ein Wissenschaftslager, auch als das Todtnauberger Lager bekannt. Die Gruppe, die aus handverlesenen jungen Dozenten und Studenten in SA-, SS- oder Stahlhelm-Uniformen mit Hakenkreuzarmbinden bestand, marschierte zu Fuß von Freiburg nach Todtnauberg. Im Lager herrschte ein streng geregelter Tagesablauf, vom Wecken um 6 Uhr früh bis zum Zapfenstreich um 22 Uhr. Natürlich wurde auch zu Fuß zurückmarschiert: Die Studenten waren tatsächlich »auf dem Marsch«. Heidegger selbst, nicht in seiner Eigenschaft als Rektor, sondern als Lagerführer, umriß die Zielsetzungen der »Lagerarbeit«, wie es im Nazi-Jargon hieß.

Daß Heidegger so fasziniert war von allem Soldatischen, vom wehrfähigen, kämpferischen neuen deutschen Menschen, von Lagern, Märschen und Uniformen, hing wahrscheinlich ebenso mit seinem wenig heldenhaften Dienst während des Ersten Weltkriegs als Meteorologe in den Ardennen und als Postzensor in Freiburg zusammen wie mit der teutonischen Kriegermythologie und der Verehrung, die große, muskulöse, blonde, blauäugige Männer bei dem kleinwüchsigen, dunkelhaarigen Professor hervorriefen. Den Arm emporgereckt zum »Sieg Heil!« oder »Heil Hitler!«, die dröhnende, harte Stimme, die Befehle ausgab oder den Führer pries, all dies waren Relikte einer glorifizierten Vergangenheit, in der der Geist rein und der Mann stolz war, bei der Verteidigung dieses Geistes sein Leben zu lassen.

Angeblich ordnete Heidegger an, daß in den Hörsälen, bei Fakultätssitzungen und Feierlichkeiten mit dem Hitlergruß zu grüßen sei. Diese Anordnung ebenso wie die Erlaubnis des Rektors, daß in der Universität antijüdische Plakate geklebt werden durften, und seine Aufforderung zur Bücherverbrennung auf dem Universitätsgelände sind nach wie vor umstrittene Vorgänge, die wahrscheinlich niemals befriedigend geklärt werden können.

Heidegger führte jedoch ein wesentliches Argument zu seiner Rechtfertigung an, gegen das nicht viel zu sagen ist. Unter Bezugnahme auf sein Treffen mit einem hohen Parteifunktionär 1933 erklärte er: »Ich sehe nicht ein, wieso mir aus dieser Unterredung mit dem damaligen Reichserziehungsminister ein Vorwurf gemacht wird, während zur selben Zeit alle ausländischen Regierungen sich beeilten, Hitler anzuerkennen und ihm die international übliche Reverenz zu erweisen.«[49] So gesehen kann man Heidegger tatsächlich nur wenig vorwerfen.

7 Heidegger und Jaspers – eine seltsame Freundschaft

Karl Jaspers sah in Heidegger den einzigen Menschen, der ihm auf dem Gebiet der Philosophie ebenbürtig war. Die beiden begegneten sich 1920 im Hause von Heideggers Mentor Edmund Husserl. Fast sofort entwickelte sich ein gegenseitiges Verständnis zwischen ihnen, eine geistige Nähe. Daraus wurde eine Freundschaft, die darauf beruhte, daß sie einen ähnlichen Zugang zur Philosophie hatten bzw. unbefriedigt waren von der »akademischen Philosophie«, die an den Universitäten gelehrt wurde. Auch nachdem sich Heidegger dem Nationalsozialismus verschrieben hatte, dauerte die Beziehung weiter an, wurde aber schließlich 1936 von Heidegger abgebrochen. Auf Initiative von Jaspers 1949 wiederbelebt, war sie jedoch nur noch ein Schatten der früheren Bindung. Es war ein ebenso kompliziertes Verhältnis wie das zwischen Arendt und Heidegger. Fast scheint es, als seien alle, die Heidegger zu nahe kamen, dazu verdammt gewesen, lebenslang in seinem Bann zu bleiben. Für Arendt und Jaspers jedenfalls traf dies zu, und beide kämpften aus verschiedenen Gründen gleichermaßen vergeblich dagegen an. Es war nicht ausschließlich Heideggers geistige Dimension, die Arendt und Jaspers zu ihm hinzog; er hatte eine Macht über sie beide, die sich der rationalen Erklärung entzieht. »Der arme Heidegger«, sagte Jaspers 1949 zu Arendt, »nun sitzen wir hier, die beiden besten Freunde, die er hat, und durchschauen ihn.«[50] Dabei durchschauten sie Heideggers Doppelzüngigkeit, seine Scheinheiligkeit und seine Manipulationen; Jaspers bezog sich hier auf den Menschen Heidegger, nicht den Philosophen.

Fast vier Jahrzehnte lang, von 1928 bis 1964, machte sich Jaspers Notizen über Heideggers Werk, seinen Charakter und sein Verhalten; bei seinem Tod 1969 fand man sie auf seinem Schreibtisch. Mitte der fünfziger Jahre schrieb er auch ein Kapitel über

Heidegger und ihre Freundschaft, das er aus seiner »Philosophischen Autobiographie« zunächst wegließ (in der Ausgabe von 1977 ist es erstmals enthalten), da ihm bewußt war, daß Heidegger »tödlich verletzt« sein würde, und da er keinen endgültigen Bruch riskieren wollte. Von Anfang an war die Beziehung als ein Forum gedacht, um »miteinander zu philosophieren«, als eine »philosophische Kampfgemeinschaft«, und fast von Anfang an war das Verhältnis gespannt.

Zwanzig Jahre später gestand sich Jaspers ein, daß er von Anfang an »die mir falsch klingenden Töne« gehört habe. 1924 bezeichnete Heidegger Jaspers' Essay »Die Idee der Universität« hinter dessen Rücken als »das Belangloseste von allen Belanglosigkeiten«. Als Jaspers ihn damit konfrontierte, leugnete Heidegger, je eine solche Äußerung gemacht zu haben. Zu Heideggers großer Überraschung antwortete Jaspers: »... dann ist die Sache erledigt, ich glaube Ihnen.«[51] Jaspers nahm auch weiterhin, ebenso wie Arendt, die eklatantesten Lügen hin, um Heidegger nicht zu verlieren. Nicht bloß »falsch klingende Töne«, sondern selbst eine Alarmglocke vermochte sein Vertrauen nicht zu erschüttern. Ein Jahr davor hatte Heidegger an Jaspers geschrieben: »Sie wissen wohl, daß Husserl einen Ruf nach Berlin hat; er benimmt sich schlimmer als ein Privatdozent, der das Ordinariat mit einer ewigen Seligkeit verwechselt... – Husserl ist gänzlich aus dem Leim gegangen – wenn er überhaupt je ›drin‹ war – was mir in der letzten Zeit immer fraglicher geworden ist – er pendelt hin und her und sagt Trivialitäten, daß es einen erbarmen möchte. Er lebt von der Mission des ›Begründers der Phänomenologie‹, kein Mensch weiß, was das ist...«[52] Jaspers war so erpicht darauf, die keimende Freundschaft mit seinem jüngeren Kollegen zu nähren, und so unkritisch, daß er diesen Akt krasser Illoyalität kommentarlos überging. Zehn Jahre später sollte Heidegger Jaspers genauso fallen lassen, wie er es mit Husserl getan hatte. Doch aus Anlaß von Husserls 70. Geburtstag 1929 pries Heidegger seinen Lehrer in den überschwenglichsten Worten, dieser habe eine neue Philosophie und neue Denkweisen geschaffen und die ganze Ausrichtung der abendländischen

Philosophie verändert. Auch dieser Akt der Heuchelei entlockte Jaspers, soweit bekannt, keinerlei Kommentar. Weitere vier Jahre später wird Husserl einen von Rektor Heidegger unterzeichneten Rundbrief erhalten, der ihm den Zutritt zu den Räumlichkeiten der Universität untersagt.

Heidegger »war der einzige meiner Freunde, mit dem ich 1933 nicht einmütig blieb, der einzige, der mich verriet«, schrieb Jaspers in seinen Notizen.[53] Falls er mit Heidegger nicht einer Meinung gewesen war, dann behielt Jaspers das für sich, wie sein Gratulationsschreiben und spätere Briefe zeigen. Während Heideggers Besuch im Juni 1933, der sein letzter sein sollte und das letzte Mal, daß sich die beiden Freunde begegneten, gestand ihm Jaspers, daß seine jüdische Frau Gertrud über die Berichte geweint habe, die sie in den Zeitungen las. Heidegger antwortete, »es tut gut, einmal zu weinen«, und verließ das Haus, fast ohne sich von Frau Jaspers zu verabschieden, deren Gastfreundschaft er in den letzten zehn Jahren ausgiebig genossen hatte. Auf Jaspers' Frage: »Wie soll ein so ungebildeter Mensch wie Hitler Deutschland regieren?« antwortete Heidegger allen Ernstes: »Bildung ist ganz gleichgültig. Sehen Sie nur seine wunderbaren Hände an!«[54] All dies schreckte Jaspers nicht davon ab, Heidegger in sein Haus einzuladen: »Wenn es Ihnen möglich wäre, im Oktober [1933] noch einmal wieder über Heidelberg zu kommen, würde ich sehr froh sein... Ich spräche gern mit Ihnen...« Im gleichen Brief vom 23. August 1933 pries Jaspers den von der Regierung unternommenen »außerordentlichen Schritt«, der darin bestand, die im Lande geltende Universitätsverfasssung radikal zu ändern. Unter dem neuen System wurde der Rektor zum »Führer« der Universität, der alle Rechte des früheren Senats in seiner Person vereinigte; er wurde nicht mehr gewählt, sondern vom Minister ernannt; der Senat sollte beratende Funktion haben, die Dekane vom Rektor selbst bestimmt werden. »Seitdem ich aus eigener Erfahrung weiß, wie die bisherige Verfassung arbeitet... kann ich nicht anders, als die neue Verfassung richtig finden.« Die totale Unterwerfung der Universität unter die nationalsozialistische Regierung sei ein Schritt in die richtige

Richtung, meinte Jaspers, obwohl noch weitere Änderungen, die er dann aufzählte, nötig seien. »Ich wünsche diesem aristokratischen Prinzip vollen Erfolg.«[55] Die Universität als Miniaturausgabe des totalitären Staates war also für ihn akzeptabel. Wegen seiner jüdischen Frau wurde Jaspers 1933 von der Teilnahme an der Universitätsleitung ausgeschlossen, verlor 1937 seinen Lehrstuhl, und ab 1938 konnten seine Werke nicht mehr in Deutschland erscheinen. All diese Ereignisse wurden von Heidegger mit Schweigen übergangen.

Bereitwillig erkannte Jaspers Heideggers Überlegenheit an: »Die Philosophie der deutschen Universitäten liegt aller Voraussicht nach auf die Dauer in Ihren Händen«, schrieb er 1931. »Solange ich lebe, werde ich doch nur mit Feder und Papier arbeiten können. Es ist mir ein tiefer Schmerz...« Jaspers' Hommage und sein bescheidenes Geständnis, daß Heidegger »der einzige Fachgenosse [war], der wußte, was mir *nicht* gelungen war«, sah Heidegger als Zeichen der Schwäche an und nicht der Stärke und des Vertrauens.[56] In den kommenden Jahren sollte er Jaspers dies von seiner Machtposition aus bei mehr als einem Anlaß deutlich machen, verließ sich aber doch so sehr auf ihn, daß er ihn 1945 der Entnazifizierungskommission als Entlastungszeugen benannte. In den Nachkriegsjahren drängte er Hannah Arendt ständig, eine Versöhnung mit Jaspers herbeizuführen. Arendt bot ihre gesamte Überredungskunst auf, überzeugt, daß die »philosophische Freundschaft« wieder aufleben sollte, aber ohne sich deren menschlicher Dimension bewußt zu sein. Erst 1966, drei Jahre vor seinem Tod, gewährte ihr Jaspers einen gewissen Einblick in seine widersprüchlichen Gefühle Heidegger gegenüber, offenbar in dem Wunsch, ihr begreiflich zu machen, daß es mehr als einen Heidegger gab.

Jaspers' Nachkriegskorrespondenz mit Heidegger zeigt, wie gern er an dessen guten Willen und seine Ehrlichkeit glauben wollte. Am 7. März 1950 schrieb ihm Heidegger: »Ich bin seit 1933 nicht deshalb nicht mehr in Ihr Haus gekommen, weil dort eine jüdische Frau wohnte, sondern *weil ich mich einfach schämte.*« – »Für Ihre rückhaltlose Erklärung danke ich Ihnen herzlich«, antwortete Jaspers enthusiastisch auf das, was er später als eine »Ausrede« bezeichnete. »Daß Sie es aussprechen, sich ›geschämt‹ zu haben, bedeutet mir viel.« Heidegger hatte hinzugefügt, »...Ende der dreißiger Jahre... habe ich sofort an Ihre Frau gedacht. Ich habe damals durch... Prof. Wilser... die feste Zusicherung erhalten, daß gegen Ihre Frau nichts geschehen werde«, offenbar, ohne zu wissen, daß Gertrud Jaspers zweimal hatte untertauchen müssen, um der Deportation zu entgehen. Dennoch entschied sich Jaspers, das Unglaubliche zu glauben. »Ich danke Ihnen auch für Ihre Besorgtheit 1939 durch Ihre Erkundigung bei Wilser. Sie haben an uns gedacht«, antwortete er überschwenglich, obwohl Heidegger mit keinem Wort protestiert hatte, als Jaspers die Lehrbefugnis entzogen wurde und er nicht mehr publizieren durfte. »Sie werden mir verzeihen, wenn ich sage, was ich manchmal dachte: daß Sie sich den nationalsozialistischen Entscheidungen gegenüber zu verhalten schienen wie ein Knabe, der träumt, nicht weiß, was er tut... dann bald ratlos vor einem Trümmerhaufen steht und sich weitertreiben läßt.«[57] Ein Knabe, träumend, hilflos, unschuldig. Wenn einer von beiden ein Träumer war und sich eine knabenhafte Unschuld bewahrte, dann war es Jaspers, nicht Heidegger. Jaspers empfand lediglich ein Bedürfnis, Heidegger zu sagen, was er bei ihrer ersten Begegnung ihm nicht zu sagen gewagt und was bewirkt hatte, daß er unwiderstehlich zu Heidegger hingezogen blieb. Was dieser möglicherweise spürte und was die Komplexität ihrer Beziehung teilweise erklären könnte.

8 Menschen um Heidegger

Der Fall Eduard Baumgarten – ein Neffe Max Webers, der 1929 bei Heidegger promoviert hatte und als sein Assistent vorgesehen war – rüttelte Jaspers schließlich aus seiner relativen Seelenruhe auf. Marianne Weber, die Witwe Max Webers, gab Jaspers die Kopie eines vertraulichen Briefes, den Heidegger 1933 an den NS-Dozentenbund in Göttingen geschrieben hatte, um Baumgartens Karriere zu blockieren. Dr. Baumgarten, schrieb er, »war jedenfalls hier [an der Freiburger Universität] alles andere als ein Nationalsozialist. Er stammt verwandtschaftlich und der geistigen Haltung nach aus dem liberal-demokratischen Heidelberger Intellektuellenkreis um Max Weber. Nachdem er bei mir gescheitert war, nahm er rege Verbindungen zu dem früher in Göttingen tätigen, jetzt von hier aus entlassenen Juden Fränkel auf.»[58]

Eduard Fränkel war bis zum Sommersemester 1933 Ordinarius für klassische Philologie an der Freiburger Universität gewesen und ab 1935 Professor in Oxford. Wie tief Jaspers schokkiert war, geht aus dem Gutachten hervor, das er 1945 auf Ersuchen des Freiburger Bereinigungsausschusses über Heidegger schrieb. Im Vertrauen auf die alte Freundschaft und ohne zu wissen, daß Jaspers im Besitz dieses kompromittierenden Dokuments war, hatte Heidegger selbst Jaspers dazu ausersehen, auf die Frage seines angeblichen Antisemitismus einzugehen.

»In den zwanziger Jahren war Heidegger kein Antisemit«, urteilte Jaspers, der zu diesem Zeitpunkt Heideggers »Verjudungs«-Brief von 1929 und sein Entsetzen über die unverhältnismäßig große Anzahl jüdischer Medizinstudenten nicht kannte. »Jenes durchaus unnötige Wort vom Juden Fränkel beweist, daß er 1933 wenigstens in gewissen Zusammenhängen Antisemit geworden ist.«[59] Jaspers hätte zur Information der französischen

Besatzungsmacht, die ebenfalls an dem Entnazifizierungsprozeß beteiligt war, hinzufügen können, daß es sich bei Professor Fränkel um eine weltberühmte Autorität auf seinem Gebiet handelte. Mit dem »unnötigen Wort« wies er zwar auf den Gebrauch des Nazi-Jargons hin, unterließ es jedoch zu sagen, wer dieser »Jude Fränkel« war. Ebensowenig ging Jaspers auf den Rang Max Webers ein, der zwar den deutschen Professoren bekannt war, aber nicht unbedingt den französischen Besatzern. Jaspers wies weiter darauf hin, daß Heidegger ebenso wie verschiedene andere Professoren versucht hätte, zu einem geistigen Führer der nationalsozialistischen Bewegung zu werden. Indem er Heidegger als einen unter »verschiedenen Professoren« aufführte, von denen ihm keiner an Prominenz und Anspruch, Adolf Hitlers führender Ideologe zu werden, gleichkam, scheint Jaspers versucht zu haben, sowohl Heideggers Unterwerfung unter die NS-Ideologie als auch dessen unbändigen Ehrgeiz herunterzuspielen.

Max Müller, nach 1946 Professor für Philosophie an der Freiburger Universität, war, wie er selbst sagte, einer von Heideggers »Lieblingsschülern«. 1937 wurde er wegen seiner Verbindung zu einer katholischen Studentengruppe denunziert. Der Prorektor, Theodor Maunz, warnte Müller, daß Heidegger, den man aufgefordert hatte, Müllers politische Überzeugungen schriftlich zu beurteilen, ihn zwar als Wissenschaftler und Didaktiker gepriesen, jedoch seine negative Einstellung zum NS-Staat kritisiert habe. Maunz ermutigte Müller, Heidegger zu bitten, diesen einen Satz aus seinem Brief zu tilgen, der seine Chancen, eine Stelle an irgendeiner Universität zu bekommen, zunichte machte. Heidegger weigerte sich mit der Begründung, daß er »die Antwort [gegeben habe], die allein der Wahrheit entspricht«, obwohl er sie nett »eingepackt« habe, wie er den verzweifelten jungen Wissenschaftler tröstete. Müller flehte seinen Mentor an, es sich nochmals zu überlegen und diesen belastenden Satz zu streichen. Heidegger antwortete, nicht ohne Sarkasmus: »Als Katholik müßten Sie wissen, daß man die Wahrheit sagen muß. Infolgedessen kann ich doch den Satz nicht streichen... Da ist nichts zu machen. Nehmen Sie mir die Sache nicht übel.« »Meine letzten Worte«, erinnerte sich Müller, »waren: ›Es dreht sich nicht ums Übelnehmen, sondern um meine Existenz.‹« Später wurde ihm mitgeteilt, daß er aus »weltanschaulich-politischen Gründen« für die Berliner Universität unannehmbar sei.[60]

Hermann Staudinger, der 1953 den Nobelpreis in Chemie erhielt, hatte während des Ersten Weltkrieges in Zürich eine Professur inne. Als Pazifist und Antinationalist bewarb er sich 1917 um das Schweizer Bürgerrecht. Die Deutsche Botschaft in Bern besaß ein Dossier über Staudinger, das Dokumente enthielt, die ihn beschuldigten, Feindstaaten bei der Produktion von Stoffen beraten zu haben, die für die chemische Kriegführung benötigt wurden. Im Juli 1933 entsandte Heidegger einen Privatdozenten der Physik, Dr. Alfons Bühl, nach Zürich, um über Staudinger, inzwischen Chemieprofessor in Freiburg, Belastungsmaterial zu sammeln. Das Kultusministerium und die Gestapo wandten sich im Februar 1934 an Rektor Heidegger um Unterstützung. Heidegger war bereits im Besitz des auf seine eigene Initiative angeforderten Materials, deshalb hatte er seinen Bericht schon vier Tage später fertig. Bemerkenswerterweise schrieb Heidegger seinen Bericht über Staudinger, seiner Rechtfertigungsschrift von 1945 zufolge, *nachdem* er sich zu Neujahr 1934 zum Rücktritt vom Rektorat entschlossen hatte. In dem Bericht wiederholte er die Beschuldigung, Staudinger habe während des Krieges mit den Feinden Deutschlands kollaboriert, und wies darauf hin daß dieser sich »im Januar 1917, also in höchster Notzeit des Vaterlandes... ums schweizerische Bürgerrecht [beworben habe]...« In höchstem Maß belastend war aus Heideggers Sicht Staudingers offenes Eingeständnis, daß er »in scharfem Gegensatz zu der nationalen Strömung in Deutschland stünde«, und dessen wiederholte Erklärungen, daß er »sein Vaterland niemals mit der Waffe oder sonstigen Dienstleistungen unterstützen werde...«. Abschließend empfahl Heidegger »eher Entlassung als Pensionierung« und schloß mit dem Gruß »Heil Hitler!« Ironischerweise war das Urteil des Kultusministeriums, das Professor Staudinger als »Erzieher für die deutsche akademische Jugend« diskreditierte, identisch mit dem Urteil, das nach Ende des Zweiten Weltkriegs über Heidegger gefällt wurde. Trotzdem folgten die Behörden, da sie weltweites Aufsehen fürchteten, Heideggers Empfehlung nicht, und nachdem man hin und her argumentiert hatte, revidierte Heidegger schließlich seinen Standpunkt, obwohl »*in der Sache* sich natürlich nichts ändern kann«, und der berühmte Chemiker behielt seine Stellung[61].

Was veranlaßte Heidegger, aus eigener Initiative eine Untersuchung von Staudingers Vergangenheit zu starten und damit die Gestapo und das Kultusministerium in den Schatten zu stellen? Angesichts von Heideggers ständigen hartnäckigen Protesten, daß er sich nur widerstrebend zur Übernahme des Rektorats bereiterklärt habe, um die Universität vor der Einmischung der Partei zu »erretten«, und daß er der NSDAP aus dem gleichen Grund beigetreten sei (in seinen Worten »hineingezogen« wurde), weckt die von ihm ergriffene Initiative Zweifel an seiner Glaubwürdigkeit. Hermann Staudinger war einer der brillantesten, international bekannten Wissenschaftler der Universität. Er war weder Katholik noch Liberaler oder Sozialdemokrat, und er war kein Jude, sondern Pazifist und Antinationalist. Heideggers Abscheu vor einem Deutschen, der solche Gesinnungen erkennen ließ, weckte in ihm anscheinend die Überzeugung, daß Staudinger, abgesehen davon, daß er die härteste Strafe verdiente, keinen Kontakt mit Studenten, nicht einmal in einem Chemielabor, haben sollte, um nicht – wie es auch die Juden taten – ihren Geist verderben zu können. »Wäre der Fall Staudinger... bekannt gewesen«, als der »Fall Heidegger« nach 1945 zur Entscheidung anstand, dann hätte nach Ansicht von Hugo Ott »Heidegger... nicht die mindeste Chance einer Rehabilitierung gehabt.«[62]

Baumgarten war politisch unzuverlässig aufgrund seiner früheren Verbindung mit liberalen Demokraten und dem Juden Eduard Fränkel. Auch hatte er an der Universität von Wisconsin gelehrt und seine Habilitation über John Dewey geschrieben; er war somit »amerikanisiert«, infiziert von amerikanischem Pragmatismus und Materialismus. Müller wiederum war praktizierender Katholik. Heideggers Bruch mit der Kirche und die Kirchenfeindlichkeit der Nationalsozialisten ließen Heidegger in Müller einen Gegner des Regimes sehen, der nicht tauglich war, Studenten auszubilden. Staudinger seinerseits verletzte Heideggers nationalistische Gefühle und seine Verehrung für den deutschen Krieger.

Die Fälle Eduard Baumgarten, Max Müller und Hermann Staudinger sind relevant für das Verständnis Heideggers – aber nicht des Philosophen oder des Pädagogen und nicht einmal des NSDAP-Mitglieds Heidegger. Weder seine Philosophie noch seine politischen Überzeugungen, sondern seine ganz persönlichen Wertvorstellungen veranlaßten ihn zu dem, was er tat. Da er vom geistigen Auftrag der überlegenen »nordischen Rasse« überzeugt war, machte er sich daran, wie Adolf Hitler es in »Mein Kampf« formuliert hatte, das »nachzuholen, was ihr [die Kritiker von Hitlers neuer Bewegung] in eurer verbrecherischen Dummheit versäumt habt«.[63]

Elfride Heidegger, die sich schon zu einem frühen Zeitpunkt für den Nationalsozialismus begeisterte, stand voll hinter den Aktionen ihres Mannes zugunsten der Bewegung. Die Heideggers vereinte der Glaube, daß nur eine radikale »Umwälzung« (der von Heidegger oft benutzte Lieblingsausdruck Hitlers) Deutschland »verjüngen« und seine geistige und politische Führungsrolle in der Welt »wiederherstellen« könne. Diese gemeinsame Überzeugung bildete ein zusätzliches Band zwischen ihnen, ein Faktum, das Hannah Arendt gar nicht in Betracht zog. Im Gegensatz zur Meinung Arendts, die diese Ehe – »das Bündnis zwischen Mob und Elite« – als »wahrhaft klassischen Fall« bezeichnete, war Elfride eine gute, vielleicht sogar die ideale Frau für Heidegger.[64] Sie hatte den frischgebackenen Lehrer ohne Geld, ohne Stellung und ohne Anzeichen der Berühmtheit, die er erlangen sollte, geheiratet und stand ihm in den beiden schwierigsten Perioden seines Lebens entschlossen bei: bei seinem Bruch mit der katholischen Kirche und in der Niederlage Deutschlands, die ihn, wenn auch nur vorübergehend, seiner

Stellung und seines Ansehens beraubte. Heideggers Apologeten (und unter ihnen auch Hannah Arendt) versuchten, ihn als hilfloses Opfer ihrer unseligen Besessenheit hinzustellen, eines verhängnisvollen Zwanges, der ihn dazu angestachelt habe, sich den Nazis zu verschreiben, der sein Leben ruiniert habe und die Ursache für all sein Unglück gewesen sei. Auf diese Weise war es leicht, ihn von der Verantwortung für seine eigenen Entscheidungen freizusprechen, aber das entsprach nicht der Wahrheit. Was auch immer Heidegger war, ein Werkzeug in den Händen seiner Frau oder von irgend jemandem sonst war er jedenfalls nie. Sicherlich wurde er immer abhängiger von ihr, aber erst nach der Katastrophe, nicht davor.

Heidegger war seinerseits äußerst stolz auf ihre pädagogischen Leistungen bei der Ausbildung von Studentinnen. Wiederholt berichtete er Elisabeth Blochmann, der halbjüdischen Freundin, die in Oxford Deutsch lehrte, nachdem man sie aus ihrer Stellung vertrieben hatte, über die erfolgreiche Tätigkeit seiner Frau: »Elfride geht es sehr gut«, schrieb er 1937, »sie hat einen erfreulichen Kreis von Studentinnen um sich, mit denen sie arbeitet.«[65] Frau Heidegger setzte sich dafür ein, daß Frauen auf allen Ebenen gleichen Zugang zu den Bildungseinrichtungen erhielten wie die Männer; in Einklang mit den Lehren Hitlers und seinem Konzept von Frauen als »Volksgenossinnen« betonte sie, wie wichtig es sei, die Reinheit der arischen Rasse zu erhalten und sie gegen den zersetzenden Einfluß der Juden und Kommunisten zu verteidigen. Ihr Einsatz für den Nationalsozialismus hatte nach dem Rücktritt ihres Mannes als Rektor nicht aufgehört, wie Heidegger es von dem seinen behauptete. Dies führte aber nicht zu Uneinigkeit zwischen ihnen und beeinträchtigte auch Heideggers Respekt für ihre Arbeit nicht. Frau Heidegger unterrichtete weiter und lehrte Frauenrechte, bis sich diese Rechte gegen Kriegsende auf das Ausheben von Gräben reduzierten. Damals behandelte sie die ihrem Befehl unterstehenden Frauen »in der schlimmsten Weise« und so brutal, daß sie es während des bitterkalten Winters 1944/45 sogar ablehnte, »Kranke und Schwangere« von der Arbeit zu befreien.[66]

Auch auf wichtigen Reisen begleitete Elfride Heidegger ihren Mann, so im September 1933 nach Berlin: »Schön, daß Elfride in diesen entscheidungsvollen Tagen mit Ihnen in Berlin sein wird«, schrieb Elisabeth Blochmann aus England. 1936 fuhr sie mit nach Rom, wo Heidegger am Deutsch-italienischen Kulturinstitut einen Vortrag hielt (später behauptete er dann, nach Aufgabe des Rektorats seien ihm Auslandsreisen verwehrt worden).[67] Dort traf er privat mit seinem ehemaligen Studenten Karl Löwith zusammen, der sich erinnerte, daß Frau Heidegger ihn mit »steif-freundlicher Zurückhaltung« begrüßt habe – immerhin hatte Löwith früher häufig ihre Kinder gehütet, so daß sie ihn gut kannte –, und Heidegger »vermied... gleich seiner Frau jede Anspielung auf die deutschen Verhältnisse und seine Stellung zu ihnen«[68]. Obwohl er selbst, weil er das richtig fand, die ganze Zeit das Hakenkreuz im Knopfloch trug, hielt Heidegger es doch für klüger, daß seine Frau ihre Nazi-Begeisterung vor Löwith verbarg, der als »Halbjude« hatte flüchten müssen.

Da sie politisch dachte wie er und da sie aufgrund ihrer preußisch-militärischen Herkunft gewissermaßen eine Autorität war, spielte Elfride im Leben ihres Mannes eine immer wichtigere Rolle. Nachdem seine Freunde, Kollegen und Studenten entlassen, pensioniert, ins Exil getrieben oder verfemt waren, brauchte Heidegger sie nötiger denn je. Und auch er war für sie immer der wichtigste Mensch. In ihren jungen Jahren, als sie knapp bei Kasse gewesen waren und die Zukunft ungewiß, hatte sie die Hütte in Todtnauberg für ihn bauen lassen, um ihm Platz und Raum zum Denken zu verschaffen. Jetzt, wo er nicht immer mit der Politik des Regimes einverstanden war, konnte er sich auf eine Frau stützen, die keine Zweifel und keine Skrupel kannte, nur einen unerschütterlichen Glauben an Adolf Hitler, und die ihren Mann in der Überzeugung bestärkte, sie stünden auf der richtigen Seite. Zwar gab es peinliche und schlimme Momente – wie zum Beispiel 1938, als er zu seiner eigenen Beschämung den Entschluß faßte, nicht zu Edmund Husserls Begräbnis zu gehen. Da sprang seine Frau sofort in die Bresche und schrieb im Namen beider einen Kondolenzbrief an Husserls Witwe Malvine.

Elfride Heidegger war eine sehr selbstbewußte Frau von großer Vitalität und beträchtlichen inneren Reserven. Weder idealisierte sie ihren Mann, noch unterschätzte sie ihn; sie respektierte ihn und forderte ihrerseits Respekt. In den ersten Nachkriegsjahren, als beide Söhne in russischer Kriegsgefangenschaft waren und ihr Ehemann demoralisiert, bewies sie bemerkenswertes Stehvermögen. Unermüdlich kämpfte sie um die Rückgabe ihres von den Franzosen beschlagnahmten Hauses und ihrer Bibliothek, damit Heidegger (für die Franzosen war Heidegger erklärtermaßen ein »typischer Nazi«) seine Arbeit fortsetzen konnte. Angesichts seiner angegriffenen Gesundheit ist es denkbar, daß sie Mitverfasserin der selbstgerechten Darstellung seiner NS-Vergangenheit war, die er im November 1945 dem Freiburger Universitätsbereinigungsausschuß vorlegte. In dem Dokument tauchen die Argumente wieder auf, die sie benutzt hatte, um ihr Haus zurückzubekommen: daß sich Heidegger nach 1933 von der NS-Ideologie abgewandt und sich ausschließlich seiner Philosophie gewidmet habe; daß ihm die Veröffentlichtung seiner Bücher und Auslandsreisen verboten worden seien; und daß er ein apolitischer, weltfremder, harmloser Gelehrter sei, der, von dem edlen Ziel getrieben, seine Universität zu retten, in den folgenden elf Jahren ein Opfer nationalsozialistischer Verfolgung geworden sei.

Es war sie, die es ablehnte, die Hilfe von Freunden in Anspruch zu nehmen, als diese ihr anboten, sich bei den Franzosen und beim Vatikan um Informationen über ihre Söhne zu bemühen, die beide in russischer Kriegsgefangenschaft waren*. Es war Heidegger, der dann, ohne daß sie es merkte, um diese Hilfe bat. Sie war es, die schließlich ihr Haus freibekam und mit der ihr eigenen Sorgfalt sein Arbeitszimmer und die Hütte in Todtnauberg renovierte, da ihr klar war, wie sehr ihn die Schwarzwaldlandschaft inspirierte. Er war stark, das wußte sie, und würde dem Druck standhalten, aber sie wußte auch, wie wichtig es ihm war, daß sie seinem Urteil und seinen Überzeugungen vertraute, an denen die Zeit nichts änderte. Der vorübergehende

* Dies teilte mir Hugo Ott freundlicherweise mit (s. a. Ott, op. cit., S. 158).

Rückschlag vermochte seinen Grundglauben an das deutsche Volk nicht zu untergraben: »Wir Deutschen können deshalb nicht untergehen, weil wir noch gar nicht aufgegangen sind und erst durch die Nacht hindurchmüssen.« Und als ob die Geschichte die letzten Jahrzehnte stehengeblieben sei, zitierte er Hölderlin: »Es konzentriert sich bei uns alles auf's Geistige, wir sind arm, um reich zu werden.«[69]

Heidegger hat seine Frau nie unterschätzt, weder in seinem privaten noch in seinem öffentlichen Leben. Was seine Affäre mit Hannah Arendt anging, so bereute er – wie er ihr 1950 sagte – als einziges, daß er seine Frau betrogen hatte, statt ihr sofort die Wahrheit zu sagen, die sie um seines Glückes willen verstanden und akzeptiert hätte. Daß sie seine Bedürfnisse nach Einsamkeit (oder auch nach Geselligkeit, je nachdem) tolerierte und sie ihm bereitwillig zugestand, während sie selbst die Alltagslasten trug und die Kinder großzog, beeindruckte ihn. Sie hatte keine intellektuellen Ambitionen und täuschte auch keine vor, war aber intelligent genug, um den Unterschied zwischen der geistigen Dimension ihres Mannes und ihrer eigenen zu begreifen, und auch dies wußte er zu schätzen. Er fand sich damit ab, daß sie sich immer mehr von seiner Familie fernhielt, sich weigerte, ihn nach Meßkirch zu begleiten, wenn er seine Angehörigen und Freunde, vor allem seinen geliebten jüngeren Bruder Fritz besuchte, und erklärte ihr Verhalten vermutlich mit seiner bescheidenen und ihrer gehobenen Herkunft. Wenn es Reibungen zwischen ihnen gab, dann betraf dies ihre Söhne, die, wie Heidegger gegenüber Elisabeth Blochmann klagte, nicht geneigt schienen, in die Fußstapfen ihres Vaters zu treten.

Das Kriegsende erlebte Heidegger in Meßkirch. Er flüchtete mit dem Fahrrad aus dem bombardierten Freiburg, wohin er zurückgekehrt war, weil er zum Volkssturm eingezogen worden war. Seine Einziehung sei der letzte Akt der Verfolgung durch die Partei gewesen, behauptete Heidegger, obwohl alle Männer zwischen 16 und 60 (er war 56), die fähig waren, Waffen zu tragen, in diesem letzten Aufgebot zur Rettung des Dritten Reiches mobilisiert wurden.

Im Juni 1945 luden Prinz Bernhard von Sachsen-Meiningen und seine Frau Margot einen kleinen Kreis von Freunden zu einem Klavierkonzert und einem Vortrag von Professor Martin Heidegger ins »Forsthaus Hausen« im Donautal bei Meßkirch ein. Dies sollte Heideggers vorletzter halboffizieller öffentlicher Auftritt sein (1949 hielt er in Bremen noch einige Vorträge), bevor der Entzug seiner Lehrbefugnis 1950 wieder aufgehoben wurde.

In den dazwischenliegenden fünf Jahren widmete sich Heidegger mit Hilfe seiner Frau weniger der Verteidigung oder Rechtfertigung seines Verhaltens während der zwölfjährigen NS-Herrschaft als vielmehr der Umdeutung, dem Umschreiben und der Neuerfindung dieses Lebensabschnitts. Die in seinen Augen absurden Anschuldigungen in die Wahrheit zu verwandeln, wie er sie sah; sich als einen Gegner des Regimes, einen Kämpfer gegen den Kommunismus, einen Retter der westlichen Kultur und einen Führer des geistigen Widerstandes darzustellen; die Philosophengemeinschaft der Welt zu überzeugen, daß er zuerst von den Besiegten und dann von den Siegern schikaniert worden war, war eine gewaltige Aufgabe. De facto enthielten diese »Deutungen« und Behauptungen Beweggründe, die weit in Heideggers Vergangenheit zurückreichten. Schon seit Beginn seiner Karriere war Heidegger besessen von der Überzeugung, daß es Verschwörungen, Komplotte und Intrigen gebe und daß er bespitzelt werde. »Daß Otto [Philosophieprofessor Walter F. Otto] gegen mich intrigierte, steht fest«, schrieb er 1926 an Jaspers. Und nach seiner ersten Woche als Professor an der Freiburger Universität 1928 entdeckte er »Spione« unter den Zuhörern – »...weil ich so genau weiß, wie so ein Spion dasitzt...«, versicherte er Jaspers.[70]

Heidegger wollte nicht nur seine Vergangenheit umschreiben; er wollte auch Lob, Bewunderung und Anerkennung für die Leiden, die ihm die Nazis durch eine klug in Szene gesetzte Kampagne mit dem Ziel, ihn zu vernichten, zugefügt hatten. Die anfänglichen Vernehmungen vor dem Bereinigungsausschuß und seine Erklärung vom November 1945 dienten dem Zweck, die

Tatsachen zurechtzurücken: Ja, er sei zwar Husserls Begräbnis ferngeblieben, aber nur, weil er das Bett habe hüten müssen; ja, er habe das NS-Regime anfangs unterstützt, aber nur, weil die abendländische Zivilisation vom Kommunismus bedroht gewesen sei; ja, er habe sich zu dem Rektorat bereiterklärt, aber nur, um die Universität zu retten; ja, er habe geglaubt, daß Hitler im Namen des *ganzen* Volkes für Erneuerung eintrete, und das sei sein Fehler gewesen; ja, er habe die nationalen und sozialen – wenn auch nicht die nationalsozialistischen – Prinzipien gebilligt, weil das Soziale und das Nationale in seinen Augen nicht wesensmäßig an die biologisch-rassistische Weltanschauungslehre geknüpft gewesen sei; nein, er habe »Mein Kampf« »aus Widerwillen gegen seinen Inhalt« nie zu Ende gelesen (woher kannte er den Inhalt, wenn er das Buch nicht gelesen hatte?). Auch Albert Speer und Adolf Eichmann behaupteten, »Mein Kampf« nicht gelesen zu haben, als ob das ein Akt der Rebellion oder zumindest eine Garantie dafür gewesen wäre, daß man kein Nazi wurde. Aufgrund seines Widerstandes (»Widerstand« und »geistiger Widerstand« tauchen in seiner Erklärung wiederholt auf) sei er durch ein Verbot bestraft worden, an wissenschaftlichen Tagungen im Ausland teilzunehmen bzw. dort Vorträge zu halten (er war 1936 in Rom und in Zürich; Reisen nach Spanien und Portugal wurden, so Ott, 1943 offiziell genehmigt, fanden aber wegen Terminschwierigkeiten Heideggers nicht statt); durch ein Verbot seiner Veröffentlichungen (»Sein und Zeit« wurde 1936 und 1942 neu aufgelegt); und durch »ständige Überwachung« durch Spitzel (er benannte einen im Krieg gefallenen Studenten, der ihm gestanden habe, ein Informant zu sein). Er hob seinen Beitrag zur Ausbildung »junger Studenten und (zu vieler) Studentinnen« hervor, denen er in den Jahren 1934–1944 ungeachtet der Gefahr, in die er sich dadurch begab, westliche geistige Werte nahegebracht habe. Er schloß die Erklärung mit den Worten: »Als Husserl starb, lag ich krank zu Bett. Ich habe allerdings nach meiner Genesung nicht an Frau Husserl geschrieben, was ohne Zweifel ein Versäumnis war; der Beweggrund war schmerzliche Scham über das, was inzwischen... gegen Juden geschah und dem *man* machtlos gegenüberstand.«[71]

Heideggers Geschick darin, mit Worten zu manipulieren – Soziales und Nationales, nicht Nationalsozialismus; im Aufstellen nicht bloß zweifelhafter, sondern nachweislich falscher Behauptungen zur Untermauerung willkürlicher Schlußfolgerungen – erinnert an Orwell: Wahrheit verwandelt sich in Lüge, Lüge wird als Wahrheit hingestellt, Geschichte wird ausradiert oder umgeschrieben. Aber für Heidegger, der mit »tricks and sophistries of speech« (im Original englisch) zu jonglieren verstand, wie Arendt in einem anderen Kontext sagte, war dies etwas ganz Natürliches. Man braucht nur unter anderem an seine vernichtende Kritik an Husserl, gefolgt von Lobhudeleien, zu erinnern; an seine Charakterisierung des Werkes von Jaspers als »belangloseste aller Belanglosigkeiten«, gefolgt von Schmeicheleien; die Ersetzung von »Nationalsozialismus« durch das Wort »Bewegung« in seiner eigenen Verteidigungsschrift. Es half Heidegger enorm, daß er dabei nicht allein war: Seine Frau war ihm eine unerschütterliche Bundesgenossin, ebenso entschlossen wie er, seinen Ruf wiederherzustellen. Außerdem standen hinter ihm die sich verbissen rechtfertigende Professorenschaft der philosophischen Fakultät in Freiburg, das Kulturministerium und die verdeckt und offen operierenden Kräfte, die sich bis zum heutigen Tag darum bemüht haben, Heidegger vor den kritischen Blicken der öffentlichen Meinung abzuschirmen.

Die fast sechs eng beschriebene Seiten umfassende Rechtfertigungsschrift, eine *apologia pro vita sua*, ist ein rhetorisches Meisterwerk. Indem er sich zu einem Opfer der Nationalsozialisten stilisierte, reihte er sich unter die Abermillionen ein, die von diesen vernichtet worden waren. Er hatte immer Antennen für die Stimmungen seines Volkes gehabt: als er sich den Nazis anschloß ebenso wie dann, als er sich als doppeltes Opfer ausgab – der Nazis und der Alliierten. In beiden Fällen triumphierte er letztlich. Unbußfertig, halsstarrig, ohne Reue. Er widerrief nichts, er nahm nichts zurück, und ebensowenig hat er die Nazi-Greuel jemals öffentlich verurteilt. Nach Auffassung von Jaspers machte er keine Wandlung durch, weil er – »mein geistiger Feind« – unfähig war, das Ausmaß seines menschlichen Versagens zu begreifen.*

Das sich lang hinziehende Entnazifizierungsverfahren forderte dennoch seinen Tribut von Heidegger. Im Frühjahr 1946 unterzog er sich nach einem körperlichen und seelischen Zusammenbruch in einem Sanatorium einer Behandlung. Noch wichtiger, Heidegger wandte sich an Erzbischof Conrad Gröber, der einst den zum katholischen Theologen bestimmten vierzehnjährigen Jungen unter seine Fittiche genommen hatte. Jetzt schrieb Gröber an den deutschen politischen Berater von Papst Pius XII.: »Für mich war es ein großer Trost, als er [Heidegger] bei Beginn seines Unglücks zu mir kam und sich wirklich erbaulich benahm. Ich habe ihm die Wahrheit gesagt, und er hat es unter Tränen entgegengenommen. Ich breche die Beziehungen zu ihm nicht ab, denn ich hoffe auf einen geistigen Umschwung bei ihm.«[72] Die Hoffnungen des Erzbischofs erfüllten sich nicht. Dennoch ist es bedeutsam, daß Heidegger, so ungerührt er auch nach außen hin wirkte, innerlich zerrissen war. Seine verächtliche Haltung Katholiken gegenüber – »die Katholiken haben unglaubliche ›Fortschritte‹ gemacht«, schrieb er 1928 sarkastisch an Jaspers über katholische Studenten, die an seinen Vorlesungen teilnahmen – und seine Rachsucht gegenüber Max Müller sind Beweis für ein Dilemma, das er nicht zu lösen vermochte.[73]

* Jaspers, Philosophische Autobiographie, op. cit. S. 102.

9 Nach der Katastrophe – neue Illusionen

Das erste Mal, daß Hannah Arendt Heideggers Namen nach dem Kriege in einer Veröffentlichung erwähnte, geschah in ihrem Artikel »Was ist Existenzphilosophie?«, der 1946 in »Partisan Review« erschien. In einer Fußnote behauptete sie, Heidegger habe »Husserl, seinem Lehrer und Freund, dessen Lehrstuhl er geerbt hatte, den Zutritt zur Fakultät [verwehrt], weil Husserl Jude war.«[74]*

Karl Jaspers, mit dem sie regelmäßig korrespondierte, wandte ein: »Die Anmerkung über Heidegger ist im Tatsächlichen nicht exakt.«[75] Er nehme an, erklärte er, Arendt beziehe sich auf ein Rundschreiben, das jeder Rektor an Professoren richten mußte, die auf Anordnung der Regierung entlassen wurden. Arendt antwortete ihm, Heidegger hätte ihrer Meinung nach eher zurücktreten müssen, als einen solchen Brief zu unterzeichnen. »... und da ich weiß«, schrieb sie, »daß dieser Brief und diese Unterschrift ihn [Husserl] beinahe umgebracht haben, kann ich nicht anders als Heidegger für einen potentiellen Mörder zu halten.« Arendt war gut informiert über die Interviews, die Heidegger über seine vermutete Zusammenarbeit mit den Nazis gegeben hatte, und über die Avancen, die er den französischen Philosophen machte: »Nichts als törichte Lügnereien, mit einem, wie mir scheint, ausgesprochen pathologischen Einschlag. Aber«, fügte sie, sicherlich unter Bezugnahme auf ihre persönlichen Erfahrungen, an, »das ist eine alte Geschichte.«[76] Drei Jahre später wehrte sie sich entschieden gegen die Veröffentlichung von Heideggers »Brief

* In der gleichen Fußnote bezeichnet Arendt Heidegger übrigens als den »(hoffentlich) letzten Romantiker«. Das aus dem Zusammenhang gerissene Zitat ist durch Weglassen des »hoffentlich« in Klammern oft entstellt worden, denn auf diese Weise wurde eine nostalgische, keine sarkastische Einstellung Arendts impliziert.

über den Humanismus« in der »Neuen Rundschau« (eine in Heidelberg erscheinende Zeitschrift, deren Mitherausgeberin Arendt war), obwohl sich ihr Freund Dolf Sternberger wiederholt leidenschaftlich dafür einsetzte.

In einem Brief von 1949 an Jaspers schrieb Arendt: »Heidegger: ... Was Sie Unreinheit nennen, würde ich Charakterlosigkeit nennen, aber in dem Sinne, daß er buchstäblich keinen hat, bestimmt auch keinen besonders schlechten. ... Ich las den Brief gegen den Humanismus [Martin Heidegger, »Über den Humanismus«, Brief an Jean Beaufret, Bern 1947], auch sehr fragwürdig und vielfach zweideutig, aber doch das erste, was wieder auf dem alten Niveau ist. (Ich las hier [Heideggers Arbeiten] über Hölderlin und ganz scheußliche, verschwatzte Nietzsche-Vorlesungen.) Dies Leben in Todtnauberg, auf Zivilisation schimpfend und Sein mit einem y schreibend, ist ja doch in Wahrheit nur das Mauseloch, in das er sich zurückgezogen hat, weil er mit Recht annimmt, daß er da nur Menschen zu sehen braucht, die voller Bewunderung anpilgern; es wird ja so leicht nicht einer 1200 Meter steigen, um eine Szene zu machen. Und wenn es einer doch täte, so würde er lügen, das Blaue vom Himmel, und sich darauf verlassen, daß man ihn nicht ins Gesicht einen Lügner nennen wird. Er hat wohl geglaubt, daß er sich auf diese Manier von der Welt billigst loskaufen könne, aus allem Unangenehmen rausschwindeln, und nur Philosophie machen.«[77]

Das nächste Mal, daß Arendt an Jaspers über Heidegger schrieb, im März 1951, bemerkte sie, daß Heidegger »wirklich nicht weiß und auch kaum in einer Position ist, herauszufinden, welcher Teufel ihn da hineingeritten hat«, und fügte etwas entschuldigend hinzu: »Sie sehen: ich habe schlechtes Gewissen.«[78] Ein Jahr zuvor, im Februar 1950, war Arendt mit Heidegger in Freiburg zusammengetroffen.

Die Kommission für Jüdischen Kulturellen Wiederaufbau in Europa (Commission on European Jewish Cultural Reconstruction) wurde Mitte der vierziger Jahre unter Leitung prominenter amerikanischer jüdischer Wissenschaftler mit dem Ziel gegründet, von den Deutschen beschlagnahmte Hebraica und Judaica zurückzubekommen. Die gestohlenen Güter wurden von den Deutschen euphemistisch als »herrenlos« bezeichnet, um vor der Weltöffentlichkeit das Gesicht zu wahren. Im Auftrag dieser Kommission, für die Arendt zuerst als Forschungsleiterin und später als Generaldirektorin tätig war, fuhr sie im November 1949 für vier Monate nach Europa, um die Überreste der jüdischen Kulturschätze, die die Deutschen »heim ins Reich« geschafft hatten, zu sichten und zu inventarisieren. Gershom Scholem war mit derselben Aufgabe in der Tschechoslowakei betraut.

Im Dezember stattete Arendt Karl und Gertrud Jaspers in Basel einen Besuch ab – ein langersehntes Wiedersehen. Jaspers »zeigte mir seinen Briefwechsel mit Heidegger«, schrieb sie an ihren Mann. Sie erzählte ihrerseits Jaspers von ihrer Jugendromanze mit Heidegger. »Ach, aber das ist ja sehr aufregend«, bemerkte Jaspers. »...Ganz unnachahmlich...«, kommentierte Arendt, offensichtlich beeindruckt von der Vorurteilslosigkeit des eher konservativen 66jährigen Philosophen.[79] Aber Jaspers scheint doch nicht so großherzig gewesen zu sein, wie er sich gab. Auf diese oder jene Weise hatte es Heidegger immer irgendwie geschafft zu kriegen, was er wollte. Obwohl Jaspers eingesehen hatte, daß die Zukunft der deutschen »Philosophie »in Ihren [Heideggers] Händen [liegt]« und sich im Gegensatz dazu verurteilt fühlte, »*vor* der Tür« zu bleiben, hinterließ dies bei ihm dennoch oft ein Gefühl von Bitterkeit.[80] Jetzt erfuhr er von Arendt, daß Heidegger auch sie besessen hatte, die junge Studentin, die er Jaspers unter Umständen empfohlen hatte, die diesem erst jetzt klar wurden. Arendts Geständnis rief ihm vielleicht all die kleinen Klatschgeschichten über sie und Benno von Wiese wieder in Erinnerung, die er Heidegger anvertraut hatte, während sein Freund und seine Studentin die ganze Zeit über eine Affäre hatten. Die mit schmerzhaften Erinnerungen beladene Vergangenheit gewann durch Arendts Enthüllung eine gefährliche Nähe. Bald nach Arendts Besuch riß der Briefwechsel zwischen den beiden Philosophen für zwei Jahre völlig ab, und zwischen 1952 und 1963 wechselten sie ganze sechs Briefe (1949 waren es dagegen vierzehn und 1950 acht Briefe gewesen). Zwar ist zweifelhaft, daß Arendt allein der Grund dieser Unterbrechung war, aber sie hat möglicherweise dazu beigetragen.

Heidegger, seine Philosophie und sein Leben seit 1933 beschäftigten seine beiden »besten Freunde« so stark, daß sie während Arendts Besuch häufig, wenn auch vorsichtig, über ihn sprachen. Beide hatten Vorbehalte, wenn sie nicht regelrecht gekränkt waren, speziell in bezug auf die vergangenen siebzehn Jahre, und keiner von beiden hatte bisher das emotionale Desaster verarbeitet, das Heidegger in ihrem Leben angerichtet hatte. »Ob ich Heidegger sehen werde, weiß ich noch nicht«, schrieb Arendt am 3. Januar 1950 an Blücher. »[Ich] überlasse alles dem Zufall.« Und sie fuhr fort, als denke sie laut: »Seine [Heideggers] Briefe an Jaspers, die er mir zu lesen gab, alle wie früher: das gleiche Gemisch von Echtheit und Verlogenheit oder besser Feigheit...« Zwei Tage später teilte sie Blücher mit: »Werde am Montag in Freiburg sein, sein müssen« (anscheinend dienstlich), »habe aber nicht mehr die allergeringste Lust, den Herrn [i. e. Heidegger] wiederzusehen.«[81] Trotzdem nahm sie mit Heideggers Kollegen und ihrem ehemaligen Mitstudenten Hugo Friedrich Kontakt auf, um seine Adresse zu bekommen.

Am Tag ihrer Ankunft in Freiburg, dem 7. Februar 1950, schrieb sie Heidegger ein paar Zeilen, worin sie auch den Namen des Hotels erwähnte, wo sie wohnte. Um halb sieben Uhr abends erschien Heidegger, um ihr persönlich zu antworten, da es in seinem Haus kein Telefon gab, und das Postamt, von wo aus er hätte telefonieren können, bereits geschlossen war.

»Dieser Abend und dieser [darauffolgende] Morgen sind die Bestätigung eines ganzen Lebens. Eine im Grunde nie erwartete Bestätigung. Als der Kellner Deinen Namen sagte (ich hatte Dich nicht eigentlich erwartet, hatte ja den Brief nicht bekommen), war es, als stünde plötzlich die Zeit stille. Da kam mir blitzartig zu Bewußtsein, was ich vorher nicht mir und nicht Dir und keinem zugestanden hätte, daß mich der Zwang des Impulses, nachdem Friedrich mir die Adresse gegeben hatte, gnädig bewahrt hat, die einzig wirklich unverzeihliche Untreue zu begehen und mein Leben zu verwirken. Aber eines sollst Du wissen (da wir ja nicht viel und nicht übermäßig offen miteinander verkehrt haben), hätte ich es getan, so nur aus Stolz, dh. aus purer reiner verrückter Dummheit. Nicht aus Gründen.«[82] Mit den »Gründen« meinte sie wahrscheinlich seine Nazi-Vergangenheit.

Der Brief, den Arendt noch »nicht bekommen« hatte, da Heidegger ihn an der Rezeption abgegeben hatte, bevor er den Kellner ersuchte, ihn anzumelden, bestand aus ein paar steifen, förmlichen Begrüßungsworten, in denen er sie wie in seinem ersten Brief von 1925 mit dem distanzierten »Sie« anredete und seine Freude über die Gelegenheit äußerte, sie wiederzusehen. Er enthielt auch die Einladung, um acht Uhr abends in sein Haus zu kommen, wo seine Frau sie gern willkommen heißen würde, wenn sie nicht eine andere Verabredung hätte. Und er enthielt auch eine beiläufige Bemerkung, daß seine Frau über ihre Liebesgeschichte Bescheid wisse.

Während »diese[s] Abend[s]«, den Arendt allein mit Heidegger in dessen Haus verbrachte, den ungelesenen Brief (den ihr der Portier beim Gehen wohl übergeben hatte) in der Handtasche, war sie sich also nicht bewußt, daß Heidegger zu irgendeinem ihr unbekannten Zeitpunkt seiner Frau seine Untreue gestanden hatte. Sie erfuhr es erst spät am Abend, als sie seinen Brief »halb verschlafen« auf ihrem Rückweg ins Hotel im Auto las. Daß sie während dieser wenigen Stunden, die sie allein zusammen verbrachten, von seinem Geständnis nichts wußte, erlaubte ihr, sich in einer von der beklemmenden Neuigkeit noch ungetrübten Atmosphäre zwanglos zu verhalten – später war sie fälschlicherweise überzeugt, daß Elfride das Geständnis aus ihrem Mann »rausgekriegt« hatte –, so wie es Heidegger erlaubte, mit ihren Emotionen zu spielen. Er sei offen und ehrlich gewesen wie nie zuvor, berichtete Arendt Blücher am nächsten Tag, dem 8. Februar: »Wir haben, scheint mir, zum ersten Mal in unserem Leben miteinander gesprochen.«[83] Doch erst in ihrem Brief vom 9. Februar machte sie Heidegger klar, daß sie Marburg 1926

»ausschließlich Deinetwegen« verlassen hatte; das alte Verhaltensmuster scheint also noch wirksam gewesen zu sein – er redete, sie hörte zu. Da er einen ihm vertrauenden, verständnisvollen Freund benötigte – er hatte dabei auch Jaspers im Blick, den, wie Heidegger zu Recht annahm, Arendt klarerweise informieren würde –, trat er nicht als der berühmte Philosoph auf, sondern als alternder Mann (er war 61), gebrochen durch bösartige Verleumdung und falsche Beschuldigungen aufgrund von Missetaten, die er nicht begangen hatte, ja von denen er nicht einmal etwas wußte, geschmäht und verunglimpft, bloß weil ihn »damals« irgendein »Teufel... da hineingeritten hat«. Wie und warum dies geschah, wisse er »wirklich nicht«, berichtete Arendt Jaspers getreulich.[84] Sie hörte ihm aufmerksam, offen und verständnisvoll zu, erschüttert über Heideggers Qual. Sobald das alte Beziehungsmuster wiederhergestellt war, nämlich das Verhältnis zwischen dem Meister und seiner bewundernden Schülerin, gab es nichts, was Arendt nicht für ihn getan hätte.

Soviel geht aus einem späteren Abschnitt von Arendts Brief vom 9. Februar an Heidegger hervor: »Ich bin [am nächsten Tag, dem 8. Februar] gekommen, ohne zu wissen, was Deine Frau von mir erwartete... Hätte ich es gewußt, so hätte ich mich nie einen Augenblick geweigert.« Offenbar hatte Frau Heidegger an dem Morgen irgendwelche Bemerkungen über deutsche und jüdische Frauen gemacht, denn Arendt schreibt: »Ich habe mich nie als deutsche Frau gefühlt und seit langem aufgehört, mich als jüdische Frau zu fühlen. Ich fühle mich als das, was ich nun einmal bin, das Mädchen aus der Fremde.«[85] [»Ein Mädchen aus der Fremde«, der Titel eines Gedichtes von Schiller.]

Falls sich Arendt über Heideggers Drängen wunderte, daß sie am nächsten Tag wiederkommen solle, um Elfride zum ersten Mal in ihrem Leben kennenzulernen, so behielt sie das für sich. An Blücher, dem sie bloß mitgeteilt hatte, daß Heidegger nach ihrer Ankunft in Freiburg prompt in ihrem Hotel erschienen sei (die genauen Umstände schilderte sie in einem Brief an ihre enge Freundin Hilde Fränkel), schrieb sie am 8. Februar: »Heute früh kam dann noch eine Auseinandersetzung mit seiner Frau – die macht ihm seit 25 Jahren, oder seit sie auf irgendeine Weise die Bescherung rausgekriegt hat, offenbar die Hölle auf Erden. Und er, der doch notorisch immer und überall lügt, wo er nur kann, hat ebenso offenbar, d. h., wie sich aus einem vertrackten Gespräch zu dritt ergab, nie in all den 25 Jahren geleugnet, daß dies nun einmal die Passion seines Lebens gewesen sei. Die Frau, fürchte ich, wird so lange ich lebe bereit sein, alle Juden zu ersäufen. Sie ist leider einfach mordsdämlich.«[86]

Am gleichen Tag, dem 8. Februar, schrieb Heidegger einen Brief an Arendt, die Freiburg bereits verlassen hatte. Darin bezichtigte er sich allein, das Vertrauen seiner Frau mißbraucht zu haben, insbesondere, da er ja gewußt habe, daß sie nicht nur den Reichtum ihrer, Arendts und seiner, Liebe verstanden, sondern das Geschenk gesegnet hätte, welches ihm vom Schicksal gemacht worden war. Jetzt komme die Zeit, um das Unrecht an der Frau wiedergutzumachen, der er alles verdanke und die ihr Leben der Aufgabe gewidmet habe, das seine produktiv, komfortabel und erfüllt zu machen.

Falls Arendt noch irgendwelche Illusionen über den Preis hegte, den Heidegger ihr für das Privileg der Fortsetzung ihrer Beziehung abverlangen würde, dann belehrten seine Briefe sie prompt eines Besseren. Er empfand das Gespräch zwischen seiner Frau und seiner früheren Geliebten nicht wie Arendt als »Auseinandersetzung«, sondern als spontane Versöhnung, die unter den dreien in einer Atmosphäre der Klarheit und Offenheit ein neues Vertrauen herstellte. Die Loyalität seiner Frau und das Vertrauen, das sie in Hannah und ihn sowie in ihre, d. h. in Arendts und Heideggers gegenseitige Liebe, hatte, erhoben seine Liebe zu Elfride auf ganz neue Höhen. Er wollte (besser gesagt, forderte), daß Arendt seiner Frau nahebleibe, so wie sich diese nach seinem Eindruck bereits Hannah nahe fühle. Er brauche Elfrides ebenso wie Hannahs Liebe, und er wünsche, auch Hannahs Mann ein guter Freund zu werden.

In seiner unnachahmlichen Weise erklärte Heidegger Arendt, daß es Elfride gewesen sei, die ihnen geholfen habe, ihre Freundschaft wiederaufzunehmen, und daß es Elfrides Liebe sei, die ihre, Arendts und Heideggers, Liebe ermögliche. Im Bild der beiden Frauen, die sich beim Abschied umarmten, sah er sie, wie er sie in Zukunft sehen wollte: durch ihre Liebe zu ihm einander gefühlsmäßig verbunden. Fortan war Frau Heidegger in fast allen seinen Briefen gegenwärtig und schickte Hannah Küsse, Grüße und gute Wünsche. Das Dreigespann befand sich auf der Schwelle einer neuen Erfahrung, eine Erfahrung, in der Hannah Arendt zu beiden, zu Martin wie auch zu Elfride Heidegger, gehörte.

Daß bei der Begegnung Arendts mit Frau Heidegger noch mehr zur Sprache kam, als sie Heinrich Blücher mitteilen wollte, geht aus ihrem Brief vom 9. Februar an Heidegger und aus einem Brief hervor, den sie an seine Frau schrieb.

An Heidegger schrieb sie: »Ich war und bin erschüttert von der Ehrlichkeit und Eindringlichkeit der [d. h. Elfrides] Annäherung.« Im Verlauf des »seltsamen« Gesprächs wurde Arendt von »einem plötzlichen Gefühl der Solidarität« mit Frau Heidegger übermannt und von »einer plötzlich aufsteigenden tiefen Sympathie«, was sie nicht daran hinderte, Heidegger klarzumachen: »Sachlich könnte ich hinzufügen, daß ich natürlich nicht nur aus Diskretion geschwiegen habe, sondern auch aus Stolz. Aber auch aus Liebe zu Dir – und um nichts schwerer machen, als es zu sein hat. Weggegangen aus Marburg bin ich ausschließlich Deinetwegen.«[87]

Der letzte Satz, ein Eingeständnis, zu dem Arendt fünfundzwanzig Jahre gebraucht hatte, wirft einen Schatten des Zweifels auf ihre Wahrnehmung zwei Tage zuvor, daß »wir wirklich miteinander gesprochen haben«. Aber sie wagte es nicht, über sich zu sprechen. Und er sprach über sich nicht ohne Absicht: Er benötigte einen Goodwill-Botschafter mit den richtigen Beziehungen, und Hannah entsprach diesen Anforderungen. Was das Wichtigste war: Sie war eine prominente Jüdin, und deshalb konnte ihre Unterstützung dazu beitragen, die ständigen Anschuldigungen gegen Heidegger wegen seines Antisemitismus zu entkräften. Ihr kam es nicht in den Sinn, daß er sie wie in früheren Zeiten benutzte, wenn auch in anderer Weise und aus anderen Gründen.

Einen Monat nach diesem Besuch erklärte Arendt Blücher: »Daß Heidegger zu Jaspers [seit 1933] nicht mehr gegangen ist, kam daher, daß er gerade eingesehen hatte, was er eigentlich angestellt hatte, und sich schämte. [Jaspers nannte das eine ›Ausrede‹.] Ganz verblüfft, daß Jaspers das anders hätte auffassen können. Nämlich als Boykottierung wegen jüdischer Frau. Hat auch faktisch in den Jahren viel mit anderen in ähnlicher Lage verkehrt; war nie auf die nächstliegende Erklärung gekommen.«[88] Es gibt keine Belege dafür, daß Heidegger mit Deutschen verkehrte, die wie Jaspers jüdische Frauen hatten – Heidegger erwähnte auch keinen einzigen Namen –, schon aufgrund der Tatsache, daß sie bzw. ihre Frauen fast alle ins Exil gegangen waren.

Arendts mit »Liebe Frau Heidegger« überschriebener Brief vom 10. Februar 1950 läßt Heideggers enthusiastische Sicht der harmonischen und spontanen Annäherung zwischen den beiden Frauen fraglich erscheinen. Vielleicht ist er auch nur ein weiterer Beweis seiner phantasievollen Interpretation von Fakten. Obwohl dieser Brief stellenweise erstaunlich freimütig ist, wenn man bedenkt, daß er sich an eine völlig Unbekannte richtet, ist sein Ton förmlich, ernst und nüchtern. Arendt schrieb ihn aus ihrem eigenen »Bedürfnis« heraus an eine Frau, von der sie wußte, daß diese sie ablehnte, sowohl wegen der Leidenschaft ihres Mannes für sie als auch weil sie Jüdin war. Die Autorität und Selbstsicherheit, die aus dem Brief sprachen, der glänzende Stil und die Vielschichtigkeit des Inhalts mußten der Adressatin als Beweis von Arendts außergewöhnlichem Intellekt und Geist erscheinen, ein weiterer, vielleicht unbeabsichtigter Hieb gegen Frau Heidegger.

Arendt schrieb als Antwort auf Heideggers Brief vom 9. Februar, dessen Inhalt Frau Heidegger kannte, wie Arendt zumindest voraussetzte. Ebenso nahm sie zu Recht an, daß Heidegger den Brief an seine Frau lesen würde, deshalb schrieb sie *de facto* an sie beide. Sie ließ Frau Heidegger wissen, sie erwarte von dieser, daß sie als Zensor fungieren werde – nicht unbedingt ein Kompliment – und daß sie das bereitwillig akzeptiere. »Ich bin glücklich, daß ich gekommen bin, und glücklich, daß alles gut geworden ist«, noch ein nicht ganz harmloser Seitenhieb, da sie beide wußten, daß nicht alles gut war; Arendt schrieb das Heidegger zuliebe. »Es gibt eine Schuld aus Verschlossenheit, die mit mangelndem Vertrauen wenig zu tun hat. In diesem Sinne, scheint mir, haben Martin und ich aneinander wahrscheinlich ebensoviel gesündigt wie an Ihnen«, schrieb Arendt. »Das ist keine Entschuldigung. Sie haben ja keine erwartet«, konstatierte sie etwas herrisch, »und ich könnte auch keine geben.«

»Sie haben den Bann gebrochen«, räumte sie ein, »und dafür danke ich Ihnen aus ganzem Herzen.« Ganz sicher hatte Frau Heidegger aber Fragen in bezug auf die Vergangenheit, erwartete irgendwelche Erklärungen. »Ich konnte deshalb gar nicht darauf kommen, daß Sie irgend etwas von mir erwarteten, weil ich im Zusammenhang dieser Liebesgeschichte so viel bösere Dinge verbrochen habe, später, daß ich auf diese frühen Dinge gar nicht mehr kam. Sehen Sie, ich war, als ich aus Marburg fortging, fest entschlossen, nie mehr einen Mann zu lieben, und habe dann später geheiratet, irgendwie ganz gleich wen, ohne zu lieben.« Dieses Eingeständnis, das gegen Arendts tiefes Bedürfnis nach Wahrung ihrer Intimsphäre verstieß, machte sie nur, um Heidegger einmal mehr zu sagen, was er bereits wußte, als er mit Günther Stern im abfahrenden Zug stand.

»Sie haben doch aus Ihren Gesinnungen nie einen Hehl gemacht, tun es auch heute nicht, auch mir gegenüber nicht. Die Gesinnung nun bringt es mit sich, daß ein Gespräch fast unmöglich ist, weil ja das, was der andere sagen könnte, bereits im vorhinein charakterisiert und (entschuldigen Sie) katalogisiert ist – jüdisch, deutsch, chinesisch. Ich bin jederzeit bereit, habe das auch Martin angedeutet, über diese Dinge sachlich politisch zu reden; bilde mir ein, ich weiß einiges darüber, aber unter der Bedingung, daß das Persönlich-Menschliche draußen bleibt. Das argumentum ad hominem ist der Ruin jeder Verständigung, weil es etwas einbezieht, was außerhalb der Freiheit des Menschen steht.«

Im Laufe des Gesprächs bzw. der Auseinandersetzung hatte

Frau Heidegger vorgeschlagen, Karl Jaspers aufzufordern, als Schiedsrichter zu fungieren, ob zwischen den zwei Frauen oder den Heideggers, ist nicht klar. »Wie kamen Sie darauf, Jaspers als eine Art Schiedsrichter anzurufen?«, fragte nun Arendt. »Nur, weil Sie zufällig wissen, daß ich mit ihm befreundet bin? Oder vielleicht, weil Sie so viel Vertrauen zu ihm haben?« setzte sie sarkastisch hinzu, da sie genau wußte, daß Elfride Jaspers kaum kannte und ihn seit den zwanziger Jahren nicht mehr gesehen hatte. »Ich war zu verdutzt, um zu reagieren; nun geht mir die Frage immer nach«, auf die sich Frau Heidegger zu keiner Antwort bemüßigt fühlen müsse, wie sie großzügig hinzufügte. »Wir sehen uns bald wieder«, schloß sie. »Bis dahin nehmen Sie dies als Gruß und Dank.«[89]

Das Wiedersehen mit Martin Heidegger eröffnete ein neues Kapitel in ihrer Beziehung; es sollte fünfundzwanzig Jahre dauern – bestimmt durch Perioden lebhafter Korrespondenz und anhaltenden Schweigens, durch sorgfältig geplante und gewöhnlich von Elfride Heidegger überwachte Besuche und seltene Stunden, Kostbarkeiten für Arendt, in denen sie mit Heidegger allein war. Das von Heidegger angeordnete zeitweilige Verstummen (das an die Schweigeperioden zwanzig Jahre zuvor erinnerte) war durch seine wechselnden Stimmungen und Launen und sein Dominanzstreben bedingt und nur einmal dadurch, daß Arendt einen unabhängigen Standpunkt vertreten hatte, was Heidegger prompt als Trotz empfand und durch Schweigen bestrafte.

Die beiden unterschiedlichen Versionen der Begegnung von 1950 spiegeln die unterschiedlichen Wahrnehmungen Arendts und Heideggers wider, es sind keine absichtlichen Entstellungen. Heidegger sah wie gewöhnlich, was er sehen wollte, Arendt sah wie gewöhnlich, was sie nach seinem Willen sehen sollte. Der Unterschied zwischen Vergangenheit und Gegenwart ergab sich aus ihrer Erkenntnis, daß sie den Heidegger, in den sie sich verliebt hatte, nicht kannte. Und sie lernte ihn zu akzeptieren, wenn auch oft innerlich rebellierend und in dem irrigen Glauben, ihn jetzt in- und auswendig zu kennen, wie aus ihren privaten Aufzeichnungen und Briefen an Blücher hervorgeht. Darüber hinaus war sie überzeugt, daß sie allein die Tiefe seiner Seele zu erfassen imstande sei, daß sie die Kraft besitze, ihm Leben zu spenden, daß sie seine Muse und seine Heilerin sei und daß er sie aufgrund ihrer geistigen Bindung mehr brauche als irgend jemand anderen. Sie brauchte es, von ihm gebraucht zu werden.

Nach dem Besuch wurde Arendt, die sich noch ein Jahr zuvor so vehement der Veröffentlichung von Heideggers Werken widersetzt hatte, seine aufopfernde, allerdings unbezahlte Agentin in den Vereinigten Staaten; sie sucht Verleger für ihn, handelt Verträge aus und bemüht sich, die besten Übersetzer zu finden. Vor allem tat sie alles in ihren Kräften stehende, um ihn von seiner Nazivergangenheit reinzuwaschen. Selbst Elfride Heidegger begann schließlich, Arendts Verbindungen in Amerika, ihre Nützlichkeit und den Wert des amerikanischen Dollars zu schätzen. Heidegger erschien es nur natürlich, ihre Mühen als ein Privileg zu betrachten, das er ihr zuteil werden ließ, bewies es doch, daß er ihr vertraute.

Heinrich Blücher, ein großer Bewunderer von Heideggers Philosophie und zweifellos beeindruckt von der Rolle, die seine Frau in Heideggers Leben und Arbeit spielte, betrachtete ihren Einsatz eher als einen Beitrag zur Philosophie denn als die Fortsetzung einer emotionalen Verstrickung. Es wäre falsch anzunehmen, daß Arendt oder Blücher Heidegger als eine Gefahr für ihre Ehe ansahen, so wie es Frau Heidegger in bezug auf die ihre tat. Blücher, realistisch, geradlinig und gefeit gegen die zwiespältigen Versuchungen, die Arendts erste Liebeserfahrung begleiteten, tat die Beziehung als eine Sache der Vergangenheit ab, eine Jugendliebe, die in den Bereich liebevoller Erinnerungen gehörte. Er ermutigte sie, um der Philosophie willen an Heideggers Seite zu sein, darüber hinaus sah er wenig oder gar nichts. Ohne Blüchers Liebe und Unterstützung hätte Arendt ihre Freundschaft mit Heidegger nicht fortsetzen können. Die Gefühle, die sie für Heidegger empfand, Gefühle, die über sexuelle und psychologische Begriffe hinausgehen, ob man sie Liebe oder Freundschaft oder Geistesverwandtschaft nennen will, entziehen sich der Definition. Blücher war dagegen ihr anderes Selbst. Sie konnte ohne Heidegger leben, ohne Blücher konnte sie nicht sein. Sie mißtraute Heidegger ebensosehr, wie sie Blücher vertraute, und aus ihrer Sicht war Vertrauen die Grundlage jeder echten Bindung. Ungeachtet der unverkennbaren Irrationalität ihrer Empfindungen für Heidegger hätte sie einen Mann, den sie nicht respektierte, nicht lieben können. Deshalb versuchte sie ihn weniger aus Loyalität oder Mitleid oder Gerechtigkeitsgefühl zu entschuldigen, als um ihrer selbst willen, um ihren Stolz und ihre Würde zu retten.

Heideggers Briefe nach Arendts Besuch waren herzlich, geschliffen, romantisch, flirtend, wenn nicht sogar verführerisch. So erinnerte er sich, wie gut ihr ihr Kleid stand, bat sie um ein Photo von ihr, schilderte den Zauber der Natur, schrieb Gedichte für sie, erinnerte sie an eine Beethoven-Symphonie, die sie beide liebten, und schickte ihr in merkwürdigem Gegensatz dazu Grüße von den schönen Blumen, auf die sein Blick fiel, während er ihr schrieb, Blumen, die, wie er hinzufügte, von seiner Frau gepflegt wurden.

Arendt überschüttete ihn mit Geschenken: sämtliche Werke Kafkas, Schallplatten, Bücher. Er legte seinem Brief einen Stengel Zittergras bei – als Gruß von seiner Frau; Arendt schickte ihr einen Seidenschal und herzliche Grüße. Er vertraute ihr die Sorgen um seine Söhne an, schrieb ihr über seine Arbeit, seine Gedanken über Plato, Aristoteles und Heraklit und schickte ihr seine Vorträge als Geburtstagsgeschenk. Ihre eigenen Bücher und Artikel, die sie ihm sandte, könne er aufgrund seiner mangelhaften Englischkenntnisse nicht lesen –, aber seine Frau, die die Sprache beherrsche, werde sie mit Vergnügen lesen.

10 Mühsamer Neubeginn

Im März 1952 ging Arendt (wieder) im Auftrag der Kommission für Jüdischen Kulturellen Wiederaufbau nach Europa, um auch für ein Buch über Marx, das nie veröffentlicht wurde, die totalitären Elemente im Marxismus zu erforschen. Sie verlagerte ihren Forschungsschwerpunkt auf die marxistischen Elemente des sowjetischen Totalitarismus, nachdem Kritiker darauf hingewiesen hatten, daß sie in ihrem Buch »Elemente und Ursprünge totaler Herrschaft« den Beweis für ihre Behauptung schuldig geblieben sei, Nationalsozialismus und Bolschewismus seien vergleichbare Ideologien. Das 1951 veröffentlichte Werk brachte Arendt Weltruhm ein. Das, wußte sie, würde für Heidegger schwer zu schlucken sein. Die Princeton University lud sie als erste Frau (die Betonung auf »erste Frau« ärgerte sie) zu Vorlesungen im Rahmen der renommierten Christian-Gauss-Seminare ein; das bedeutete noch mal Ärger für Heidegger. Scherzhaft schrieb Blücher ihr: »[Heidegger] hat neuen Grund, den Einbruch der Frau in die Philosophie zu bedauern.« »Ja, Jaspers wird sich freuen«, antwortete Arendt, »und Heidegger werde ich ja morgen sehen; er wird sich weniger freuen, aber das ist mir wurscht.«[90]

Wie um sich von Heidegger zu distanzieren, hatte sie in ihren früheren Briefen an Blücher seinen Namen durch »Freiburg« ersetzt, seinen Wohnort; »... nach Freiburg habe ich endlich geschrieben; den habe ich mal erst ohne Adresse von mir sitzen lassen. Ich habe [meinen Besuch] für den 19. Mai festgemacht, dann wird man weitersehen.« Es bereitete ihr Genugtuung, endlich einmal die Oberhand zu haben, und dieser winzige Sieg läßt ja erkennen, was für ein seltener Triumph das war. »Er schrieb erleichtert, daß er nun wenigstens wisse, wo ich stecke. Schwierigkeiten mit Madame sind ganz offenbar. Sie ist wahrscheinlich auch ganz wütend, daß Jaspers den ihrigen so en canaille behandelt hat, und schiebt das vermutlich irgendwie mir in die Schuhe. Kurz – eine mess...«[91] Was Arendt »offenbar« erschien, entsprach nicht unbedingt den Tatsachen. Sie plante, eine ganze Woche in Freiburg zu bleiben, und etwas besorgt, daß es sich herumsprechen könnte, tarnte sie den Besuch als Dienstreise.

Obwohl sie trotz aller Schals und Grüße kein herzliches Willkommen von Frau Heidegger erwartete, war Arendt über deren Verhalten bestürzt. »Die Frau ist halb blödsinnig vor Eifersucht, die sich in den Jahren, in denen sie offenbar dauernd gehofft hat, daß er mich einfach vergessen werde, sehr gesteigert hat. Dies äußerte sich mir gegenüber in einer halb antisemitischen Szene, ohne ihn. Überhaupt sind die politischen Überzeugungen der Dame (ich bringe oder schicke Dir gelegentlich ihre Lieblingszeitung, das ekelhafteste Hetzblatt, das ich bisher in Deutschland sah), von aller Erfahrung ungetrübt und von einer so vernagelten, bösartigen, ressentiment-geladenen Dummheit, daß man alles verstehen kann, was gegen ihn geschieht... Kurz u. gut, es hat dabei geendet, daß ich ihm eine regelrechte Szene machte, und seither ist alles erheblich besser.« Daß es Heidegger selbst war, der »alles, was gegen ihn geschieht«, zu verantworten hatte, läßt sich aus Arendts Worten unmöglich herauslesen. Was er tat, sagte und schrieb in dem Zeitraum von zwölf Jahren als Parteimitglied, und daß er danach weder widerrief noch zurücktrat, schien für sie belanglos zu sein. In ihrem Drang, Elfride Heidegger die Schuld für »alles« in die Schuhe zu schieben, schlug sich Arendt auf die Seite derjenigen, die diese als unheilvolle Größe darstellten, die es irgendwie schaffte, ihn nicht nur zu manipulieren, sondern an seinen Handlungen mitzuwirken und die treibende Kraft für alle Entschlüsse zu sein.

»Dies ist vielleicht alles unwichtig. Denn er ist in großartigster Form«, schrieb Arendt. »Er hat mir die größten Stücke des Kollegs, auf das er sich in rührendster Form vorbereitet, (schreibt ein Kolleg immer zweimal, viele Seiten vier- und fünfmal) vorgelesen...

Stups, ein bißchen klüger bin ich doch geworden, denn sonst

hätte ich es nicht geschafft. Ich habe das Gefühl, ich kann es mir leisten; aber auch das Gefühl, daß ich mir weiß Gott ein starkes Stückchen leiste. Dagegen steht nur, mich vollkommen überzeugend aber niemandem sonst zugänglich, die Gewißheit einer fundamentalen Gutartigkeit, einer mich immer wieder erschütternden Zutraulichkeit (anders kann ich es kaum bezeichnen), die völlige Abwesenheit, sobald er mit mir zusammen ist, von all den Dingen, die sich sonst wohl leicht vordrängen, seine echte Hilflosigkeit und Wehrlosigkeit. Solange die Produktivität anhält, ist keine Gefahr; Angst habe ich nur vor den bei ihm ja immer wieder eintretenden Depressionen. Dagegen versuche ich jetzt vorzubeugen. Vielleicht erinnert er sich dann, wenn ich nicht mehr da bin.»[92]

Blücher hatte Mitgefühl mit seiner Frau in dieser mißlichen Lage. »Angesichts der Lage mit Martin«, antwortete er, »wäre es unverantwortlich, nicht alles zu versuchen, um ihn fest zu machen. Also bleibe, solange Du kannst u. es Sinn hat. Vergiß die Frau: wenn Dummheit hartnäckig wird, das ist der Punkt, wo sie in Schlechtigkeit übergeht oder jedenfalls von ihr nicht mehr unterscheidbar wird. Schweigen und vorübergehen. Was heißt denken? ist eine der großartigsten philosophischen Fragen nach Gott. So hilf ihm fragen.« Ein paar Wochen später versicherte er Hannah erneut: »Du hast sicher alles recht gemacht, aber es ist eben trostlos, so ein verfahrenes Leben. Und alles aus dummen Vorurteilen u. gesellschaftlicher Schwäche. Diese Gesellschaft verdient eben doch, zum Teufel zu gehen, u. es scheint, sie wird. Wenn wenigstens die Manuskripte sichergestellt werden können.«[93]

Freilich kannte Blücher nur Arendts Version der Geschichte: das giftige Verhalten von Frau Heidegger ihr gegenüber und – aus Arendts Schilderungen – ihren, milde ausgedrückt, ungünstigen Einfluß auf Heideggers privates und öffentliches Leben. Was ihm verborgen blieb, war Heideggers in seinen Briefen an Arendt oft geäußerte innere Überzeugung von der Loyalität und Fürsorge seiner Frau, seine Liebe zu und Abhängigkeit von ihr und seine Bindung an ein Leben, das sie seit über drei Jahrzehnten miteinander teilten. Durch Arendts Schilderungen lernte Blücher den privaten Heidegger so kennen, wie sie ihn beschrieb bzw. wie er in ihrer Phantasie existierte: ein Mann, der die falsche Frau geheiratet und damit sein Leben verpfuscht hatte und der sie, wenn die überholten gesellschaftlichen Konventionen keine Rolle gespielt hätten, verlassen und damit die Rest seines jämmerlichen Lebens gerettet hätte – um sich von Hannah beschützen und inspirieren zu lassen. Arendt, die von vielen Männern umworben und geliebt wurde, hatte nicht die Gewohnheit, sich damit zu brüsten; im Gegenteil, sie erwähnte es sehr selten, und wenn sie es – nur einer guten Freundin gegenüber – tat, dann spielte sie es leichthin scherzend herunter. Aber Heidegger war anders als alle übrigen Männer. Was am meisten für sie zählte, war nicht die erotische Anziehung, die noch vorhanden sein mochte oder nicht, sondern die einzigartige Rolle, die sie in seinem Leben zu spielen glaubte, die geistige Verwandtschaft, die er, wie sie glaubte, niemand anderem gegenüber empfand. Ungeachtet dessen, was Heidegger ihr immer wieder sagte, redete sich Arendt ein, daß Elfride Heidegger die Quelle allen Mißgeschicks ihres Mannes sei, daß sie seinen Ruf untergrabe und eine Atmosphäre der Feindseligkeit um ihn herum schaffe. Dabei war sich Arendt vielleicht nicht einmal der frühen Gefolgschaft Frau Heideggers gegenüber dem Nationalsozialismus bewußt, falls ihr erster Mann, Günther Stern, ihr nichts davon gesagt hatte. Und sie kann kaum gewußt haben, daß die gemeinsame Weltanschauung das Paar einander noch näher brachte. Letzten Endes konnte sie einfach nicht glauben, daß sie auch Heideggers Ideologie war. So wie sie Heidegger im großen und ganzen von seiner Nazi-Vergangenheit freisprach, führte sie Frau Heideggers gegenwärtige »politische Gesinnung« auf ihre Identifizierung mit einem rechtslastigen »Hetzblatt« zurück und nahm somit eine Trennung zwischen ihnen vor, wo sie im Grunde zusammengehörten. Wie hätte sich der mit einer »fundamentalen Gutartigkeit« ausgestattete Heidegger sonst mit den reaktionären Ansichten seiner Frau abfinden können? »Hilflos« und »wehrlos« unter der puren Anwesenheit seiner Frau leidend, stellte Arendt ihn sich vor. Nur wenn man ihre Ressentiments, ihre Vorurteile und ihre Dummheit erkenne, könne man ihren schädlichen Einfluß ermessen. Indem sie die ganze Schuld für Heideggers Mißgeschicke seiner Frau zuschob, sprach Arendt ihn, die Personifizierung des *Geistes*, von jeder Verantwortung frei und konnte guten Gewissens die Rolle seiner Muse wiederaufnehmen und, was das Wichtigste war, mit sich und ihrer unveränderten Faszination durch ihn ins reine kommen.

»Treffe mich dann vermutlich mit Martin heimlichst in der Nähe des Bodensees«, schrieb sie am 24. Mai 1952 an Blücher. Am 30. Mai informierte sie ihn aus Basel, wo sie Jaspers besuchte, daß sie nach weiteren Stationen in Deutschland nach London und Paris fahren werde. »Danach weiß ich noch nicht. Hängt auch von Freiburg ab.« Mit dem unvollendeten Brief fuhr sie zum Bahnhof von Basel, wo sie vor Besteigen des Zuges »in Eile« hinzufügte: »Fahre nach Freiburg.«

Eine aus einem einzigen Satz bestehende Notiz Heideggers, in der er sie bat, weder zu *schreiben* noch zu *kommen*, erreichte sie entweder nicht rechtzeitig, oder sonst etwas trieb sie dazu zu fahren. Am 6. Juni schrieb sie an Blücher aus Stuttgart: »Freiburg hat mit erneuten Szenen der Dame geendet; ich weiß nicht recht, was ich machen soll... [Heideggers] Kolleg war wieder großartig, obwohl er absolut nicht in Form war und schlecht las... Und Martin sagte, vor der Vorlesung, ganz verzagt, mit fertigem Manuskript in der Hand: Ich habe immer solche Angst... Sein Sohn, mit dem ich in der Vorlesung war, bemerkte nachher: ja, hier weht eine ganz abstrakte Luft. ... Er [Heidegger] hat sich [mir gegenüber] mit einer erschreckenden Objektivität ausgesprochen. Hat offenbar Angst vor dem Moment, da die Söhne aus dem Haus gehen [Heideggers Söhne waren 31 und 30 Jahre alt] und die Frau ihren einzigen Lebensinhalt verliert. Denn er sei immer erst in zweiter Linie gekommen – daher hat er seine Ruhe gehabt. Dies aber beginnt sich jetzt zu ändern, weil es absehbar ist, daß die Söhne weggehen. Diese ganze Geschichte ist wirklich eine Tragödie. Denn während sie nicht weiß, was sie tun soll u. einfach bösartig wird, liegen in Meßkirch ca. 50000 ungetippte Seiten, die sie in all den Jahren bequem hätte tippen können. Und die natürlich heute gar nicht mehr aufzuholen sind. Der einzige Mensch, den er wirklich hat, ist sein Bruder.*

Am aufschlußreichsten ist die Bibliothek der Dame, die ich mir gründlich besichtigt habe. Unter etwa 100 Büchern eine komplette Sammlung von Gertrud Bäumer (sic!) u. ein Haufen einfachen Schundes.** Dazwischen ein Dutzend anständiger Bücher, die alle als Geschenk von ihm inskribiert sind. Hat aber gar nichts geholfen. Wenn ich mir vorstelle, daß er in dies Milieu zwangsweise zurückfällt, sobald die Produktivität aussetzt, wird mir einfach schwindlig.«[94]

Arendt, die inzwischen in London war, konnte nicht aufhören, über »Freiburg« nachzudenken. Da ihr Besuch, vermutlich durch Martin Heidegger selbst, abgekürzt worden war und sie ihr Ziel, Heidegger für die Zukunft zu stärken, nicht erreicht hatte, fühlte sie sich elend. Heideggers offenes Geständnis der Schwierigkeiten mit seinen Söhnen – es beeindruckte Arendt immens, daß er ihr das anvertraute – war in Arendts Augen ein Beweis der Entfremdung von seiner Familie. In Wirklichkeit geht daraus hervor, daß er nie zuvor mit ihr über persönliche Dinge gesprochen hatte. Dabei hatte er siebzehn Jahre zuvor Elisabeth Blochmann ähnliche Sorgen in bezug auf seine Söhne mitgeteilt; Arendts Eindruck von seiner »erschreckenden Objektivität« war völlig subjektiv. Dasselbe gilt für ihre Schlußfolgerungen.

Arendt behauptete, es sei Elfride Heidegger, die alle Entscheidungen in bezug auf ihren Mann treffe, einschließlich seines Verhältnisses zu Studenten und Kollegen, und ihretwegen herrsche nichts als Feindseligkeit zwischen ihm und »allen, buchstäblichst«. Vielleicht stimmt das. Indem sie ihn isolierte – falls sie

* Heideggers Bruder, Fritz, tippte alle seine Manuskripte; seine Frau tat das nie. Persönliche Mitteilung von Hugo Ott.

** Gertrud Bäumer war eine führende Persönlichkeit der deutschen Frauenbewegung, Herausgeberin einer NS-freundlichen Zeitschrift und Autorin volkstümlicher Romane.

das wirklich tat – und eine Situation schuf, in der er nur noch einen einzigen Freund hatte – seine Frau –, konnte Elfride ihn beherrschen wie nie zuvor. Dennoch erscheint es nicht plausibel, daß Heidegger, ein willensstarker, entschlossener Mann, in ihren Händen zu Wachs wurde; vielleicht wollte er, zermürbt von dem fünf Jahre dauernden Entnazifizierungsverfahren, einfach nur noch in Frieden arbeiten und war bereit, dafür auf vorhandene und potentielle Freunde, Arendt inklusive, zu verzichten. Elfride Heidegger war 59 Jahre alt und verständlicherweise verbittert: der Nazi-Traum ausgeträumt, ihr Volk in der Welt verfemt, ihr einst einflußreicher Mann gezwungen, sich ständiger Angriffe zu erwehren, ihre Kinder aus dem Haus, und dann im Hintergrund die hartnäckige Jüdin, die nicht locker ließ. Ihr Mann, der immer ein begeisterter Sportler gewesen war, war mit 63 in ausgezeichneter Form, schöpferisch, beliebt, umgeben von Schülern und Anhängern beiderlei Geschlechts, anziehend für Frauen und von ihnen angezogen wie seit ihrer ersten Begegnung.

Es war ihm durchaus zuzutrauen, daß er mit Arendt sein Spielchen trieb, ihre Gefühle weckte, ihr Mitleid erregte und sie benutzte. »Er [Heidegger] selbst weiß nicht, wie man sich verhält«, verzweifelte Arendt, »dreht sich in Wirbeln, in denen sich ihm einmal solche und ein andermal andere Aspekte zeigen. Augenblicklich ist er krank, mehr oder weniger vor Aufregung, und ich habe nicht vor, nochmals nach Freiburg zu fahren«, teilte sie Blücher mit und ging auf diese Weise schweigend über Heideggers Bitte hinweg, weder zu schreiben noch zu kommen. »Die Sache ist absolut nicht zu machen. Ob ich ihn für die nächsten Jahre halbwegs stabilisiert habe, weiß ich nicht. Versucht habe ich es. Ruhe braucht er auf jeden Fall, und die läßt sie ihm nicht, wenn ich auch nur in der Nähe bin... Dies heißt nicht, daß sich zwischen uns irgend etwas geändert hätte; dies scheint nun wirklich nicht mehr möglich.« Doch darin täuschte sie sich.

»Die Geschichte mit Heidegger ist schrecklich, ganz schrecklich«, meinte Blücher, »aber sei unbesorgt, die Produktivität wird nie wieder verschwinden jetzt... Und so wird er doch gehen trotz alledem. Er braucht ein junges Mädchen für die Manuskripte, und das junge Mädchen oder eine jüngere Dame wird ihm über den Weg laufen«, schrieb er nur halb im Scherz, wahrscheinlich in der berechtigten Annahme, daß eine solche Gesellschaft dem Philosophen nicht unwillkommen wäre.

Arendt fand das gar nicht witzig. Ihr gefielen weder Blüchers Ton noch sein launiger Vorschlag. Ein junges Mädchen war das letzte Heilmittel, das sie sich für Heidegger wünschte. Gereizt erwiderte sie: »Mit Martin ist eigentlich und vorläufig wenigstens nichts ›schrecklich‹, sondern nur traurig. Geändert hat sich nichts und wird sich auch nicht.«[95] Wenn sich nichts ändern würde, wenn Heidegger zu einer traurigen Existenz verdammt war, dann war es ihre Pflicht, sein Los zu erleichtern. Vielleicht sagte sie sich, um sich selbst zu beruhigen, immer wieder vor, daß zwischen Heidegger und ihr nichts sich je »ändern« könne, weil sie doch spürte, daß ihre frühere Gewißheit nicht von Dauer war.

Heideggers angeschlagener Ruf machte ihr Sorgen: »Wenn Alfred [Kazin] mir ganz naiv sagt, der Name Heidegger scheine in Deutschland in akademischen und anderen Kreisen eine Art ›cuss word‹ [im Orig. englisch] geworden zu sein, so ist es mir doch leid«, schrieb sie Blücher am 20. Juni aus München. »Ändern kann ich gar nichts. Er läßt aus reiner Verzweiflung und Unfähigkeit, einen einzigen Brief zu schreiben, alles von der Frau erledigen und setzt seinen Namen unter jedes Schriftstück.« Daß Heidegger dies tat, weil er dem Urteil seiner Frau vertraute, daß es entlastend für ihn war, solche Dinge an sie zu delegieren, kam Arendt nicht in den Sinn. Ihre Verachtung für Elfride Heidegger war grenzenlos, und – noch wichtiger – daß diese Frau im Gegensatz zu ihr eine so privilegierte Stellung hatte, zerrte an ihren Nerven.

Vielleicht war das auch etwas, das ihr Heidegger erzählt hatte, um ihr Mitgefühl zu erregen, um alle Verantwortung von sich abzuschieben, wie es seine Art war, oder einfach, um eine Frau gegen die andere auszuspielen und beide auf seiner Seite zu haben. Es ist jedenfalls unvorstellbar, daß Heidegger seine Briefe an Jaspers und übrigens auch an Arendt nicht alleine verfaßt hätte. 1952, nach der Veröffentlichung von »Elemente und Ursprünge totaler Herrschaft«, war Arendts Stern im Steigen begriffen, und obwohl ihre Prominenz Heidegger ein Dorn im Auge war, erkannte er ihre zunehmende Nützlichkeit als Verbündete und warf ihr gelegentlich Brosamen zu.

Blücher allerdings war, anders als Arendt, nicht ganz davon überzeugt, daß es allein Elfride Heidegger war, die die Menschen vor den Kopf stieß, welche sich an ihren Mann wandten. So im Falle von Professor Karl Löwith, der seinem Lehrer einen Besuch abstattete: »mit ganz guten Absichten kam ... [wobei] dann irgendeine Äußerung fiel, die wieder alles verdarb«, wie Arendt Blücher berichtete. »Ausschlaggebend ist natürlich immer Frau Heidegger...«, die es auf die eine oder andere Weise schaffe, Animositäten hervorzurufen. So sei es auch bei Löwith der Fall gewesen, beharrte Arendt. Löwith hatte den Geschichtsbegriff seines Lehrers kritisiert, und dies, nicht das Dazwischenfunken von Frau Heidegger, führte mit Sicherheit zu der Verstimmung. »Heidegger ist gräßlich verletzt« über Löwiths Abwendung, schrieb Arendt.[96] »Mißversteh mich nicht, ich bin über Löwith ganz und gar Deiner Meinung«, antwortete Blücher. »Wenn man den Meister nicht überholen kann und Schüler geblieben ist, soll man sich nicht als Interpret des Meisters geben. Und nicht den Meister mit seinen eigenen Steinen beschmeißen. Aber diesen normalen Weg«, hob Blücher hervor, »hat ja dieser Meister seinen Schülern, und besonders den jüdischen, abgeschnitten, und so vergiftet sich alles.«[97] Ein Gesichtspunkt, der Arendt offenbar entgangen war.

Von Deutschland aus fuhr Arendt nach England weiter. Heideggers Situation beunruhigte sie zwar weiterhin, aber sie gewann doch einen gewissen inneren Abstand. »Denn es ist ja keineswegs nur die Frau, sondern auch die Söhne und er selbst«, schrieb sie Ende Juni aus Manchester an Blücher. »Obwohl er diesmal sehr offen sprach und fast klagte (was er noch nie getan hat), sieht er, wie es wirklich ist, wohl nur, wenn ich da mitten drin sitze – wie ein Hecht im Karpfenteich.«

England, »the most *civilized* country on earth [im Orig. engl.], aber auch das langweiligste«, beruhigte sie nach dem nervenaufreibenden Besuch in Freiburg. »Cambridge ist ein Traum«, schrieb sie Blücher, »und wieder sehr, sehr merkwürdig, wie alles in England. Hier kann man sich gut und vernünftig unterhalten. Es macht mir Spaß.« Sie hielt Vorträge, unternahm Besichtigungen und Einkäufe – etwas verunsichert gab sie beträchtliche Summen für edle Pullover für sich und Heinrich aus –, aber was sie wirklich wollte, war, wieder bei ihrem Mann zu sein: »Bald werde ich wieder bei Dir sein, wo ich hingehöre.[98]

Blücher war der Ort, wo sie hingehörte, so sehr Heidegger sie auch in Atem gehalten haben mochte – »die Martin-Legende«, wie Blücher es nannte –, so sehr er und seine Angelegenheiten sie auch beschäftigten. Die jüngste Verstrickung in Heideggers persönliche und berufliche Probleme, das wachsame Auge Elfride Heideggers, die Atmosphäre drohenden Unheils, all dies belastete sie und zehrte an ihrer Kraft. Blücher war ihr einziger sicherer Hafen, und je länger sie von ihm fort war, je mehr ihr Heideggers Schwierigkeiten an die Nieren gingen, desto mehr vermißte sie die Sicherheit, die ihr Mann ihr gab. Heidegger mache sie ja wirklich unglücklich, schrieb Blücher ihr aus dem vor Hitze kochenden New York, aber er wisse, daß sie es trotzdem schaffen werde, das Leben zu genießen, nicht weil ihre Kräfte unerschöpflich seien, sondern dank ihres Temperaments und ihrer Lebendigkeit.

Mitte Juli war Arendt wieder nach Deutschland zurückgekehrt und hielt Vorträge über »Terror und Ideologie« an der Universität in Marburg, wo sie fast drei Jahrzehnte zuvor Heidegger kennengelernt hatte, sowie an der Universität in Heidelberg, wo sie bei Jaspers promoviert hatte. »Marburg ist geistig voller Tod«, schrieb sie an Blücher. Insbesondere mißfiel ihr das Schicksal von Heideggers Vermächtnis, und sie war besorgt, »das heißt, besorgt für ihn«, erklärte sie, was die Vergänglichkeit seines Ruhms anging. Die »Pseudo-Geistigkeit von Heidelberg« sei ein bißchen, aber nicht viel besser.[99] Das Unterrichtsniveau sei beklagenswert niedrig, »schwachsinnige« Professoren erklärten, »›Metaphysik ist völlig überflüssig‹«, und die allgemeine Atmosphäre sei sektiererisch und cliquenhaft. »Es ist ein blödsinniger Hexenkessel, und ich bin froh, daß mich das alles nichts angeht.«[100]

Kaum war Arendt nach New York zurückgekehrt, ging sie daran, Heideggers beflecktes Image wieder aufzupolieren: genau, wie er es von ihr erwartete. Am 23. August 1952 schrieb sie einen Brief an Reverend John M. Oesterreicher, einen katholischen Priester jüdischer Abstammung, »... um meine eigene Äußerung über Heidegger zu korrigieren«. Paradoxerweise nahm Arendt ihre Worte zurück, während Heidegger das nicht tat. »Diese Äußerung und eine Reihe ähnlicher Vorwürfe basierten auf Gerüchten, die aufgrund der Hartnäckigkeit, mit der sie sich viele Jahre lang hielten, wie eine zuverlässige Information erschienen.« Sie erläuterte, wie Jaspers ihr schon 1948 erklärt hatte, daß das »Rundschreiben, das Heidegger als Rektor angeblich unterzeichnete« (er hatte es tatsächlich unterzeichnet), »an alle jüdischen Lehrer an der Universität... nicht... an Husserl persönlich...« gerichtet gewesen sei. (Heidegger hätte eher zurücktreten sollen, als ein solches Schreiben zu unterzeichnen, hatte sie damals auf Jaspers' Richtigstellung erwidert.) Auch räumte sie ein, daß Heidegger »irgendwann während des Krieges« [1941] zugestimmt habe, seine Widmung an Husserl (»Edmund Husserl/in Verehrung und Freundschaft zugeeignet/Todtnauberg i. bad. Schwarzwald zum 8. April 1926.«) aus der Neuausgabe von »Sein und Zeit« zu eliminieren, »aber das war bereits in der Zeit des offenen Terrors, und ich denke, er kann beweisen, daß er dies nur unter starkem Druck tat. Aber selbst dann gab er nicht so weit nach, die Fußnoten zu streichen, in denen Husserls Werk erwähnt wird.« Sie wollte, daß der Reverend die Fakten im richtigen Kontext sähe: »Die Beziehung zwischen Husserl und Heidegger hatte sich schon vor 1933 so weit verschlechtert, daß man kaum sagen kann, Heidegger habe mit Husserl als Resultat der Ereignisse von 1933 gebrochen.«[101]

All dies entsprach der Wahrheit. Mehr oder weniger. Heidegger hatte Husserl gegenüber nur in rein menschlicher Hinsicht versagt. Es ging nicht darum, daß er aus philosophischen Gründen mit Husserl auseinandergeraten wäre, was tatsächlich schon vor 1933 geschah, sondern daß er zu einer Zeit den Kontakt mit ihm abbrach, da Husserl als Jude verfolgt wurde, daß er seinem Begräbnis ostentativ fernblieb und Malvine Husserl nicht kondolierte. Möglicherweise hat er seine Widmung an Husserl tatsächlich »auf starken Druck« seitens seines Verlegers entfernt, nicht jedoch seitens einer gefährlicheren Instanz; er hätte ja auch von einer Neuausgabe des Buches Abstand nehmen können, ohne »offenen Terror« zu riskieren.

In den zwanziger Jahren hatte Heidegger Husserl oft in seinen Briefen an Arendt erwähnt, und zwar stets mit Verehrung und Dankbarkeit. Sie wußte damals ebenso wie Jaspers, daß er ein häufiger Gast im Hause Husserl war, daß die beiden Philosophen mehr verband als eine rein berufliche Beziehung, daß es Husserl war, der der Fakultät Heidegger als seinen Nachfolger vorschlug, und daß er sich dafür einsetzte, Heideggers Berufung zu sichern. Welche widersprüchlichen Emotionen Heidegger bei Arendt und Jaspers wegen seines Verhaltens gegenüber Husserl hervorrief, kann man daran ermessen, daß Jaspers Arendt bis 1966 manche Fakten in bezug auf Heideggers Rektoratszeit vorenthielt. Karl Jaspers war für Arendt eine Autorität, seit sie bei ihm zu studieren begonnen hatte: »... als ich jung war, waren Sie der einzige Mensch, der mich erzogen hat.«[102] Als Erwachsene blickte sie zu ihm als Lehrer auf, sah in ihm aber auch einen engen, klugen Freund, dem sie völlig vertraute. Er war einer der wenigen Menschen in ihrem Leben, dessen Meinung enormes Gewicht für sie hatte. Wäre er sich über sein Verhältnis zu Heidegger im klaren gewesen, dann hätte Jaspers Arendt vielleicht die Augen über einen Punkt geöffnet, den er erst nach ihrem Tod öffentlich machte: daß Heidegger »ein Freund [war], der einen hinter seinem Rücken verrät«. Aber er zog es vor zu schweigen, vielleicht, weil er glaubte, daß Heidegger wenigstens einen Freund haben müsse – Hannah Arendt –, eine Rolle, die sie übernahm, indem sie den Entlastungsbrief für Heidegger schrieb.

11 Vieles hat sich geändert

Das stürmische Jahr 1952 endete mit einem kurzen Brief Heideggers vom Dezember, in dem er Arendt für ihre Photos dankte. Während ihrer Liebesaffäre hatte er sie oft um Bilder gebeten. Wollte er ihr jetzt damit zu verstehen geben, daß die Zeit nicht viel zwischen ihnen geändert hatte? Aber das stimmte so ja nicht. Ein Brief von Heidegger an sie im ganzen folgenden Jahr, keine Briefe von ihr an ihn. Jahre sollten vergehen ohne jede Kommunikation, mit Ausnahme von gelegentlichen Geburtstags- und Neujahrsgrüßen. Nur Geschäftliches – Veröffentlichungen seiner Werke in den Vereinigten Staaten – machte ihn mitteilungsfreudiger. Aber auch dann erwähnte er demonstrativ seine Frau, die gemeinsam genossenen Urlaube, ihren Gesundheitszustand, ihre Bemühungen, ihm das Leben zu erleichtern. Er beklagte die Situation Europas; Europa existiere gar nicht mehr, war seine Meinung. Es sei ein moribundes Europa, weil sich die Kräfte des Bösen, gegen die er angekämpft hatte, der Nihilismus, die Moderne und die Technik, letztlich durchgesetzt hatten. Das einzige Land, Deutschland, und die einzige Bewegung, der Nationalsozialismus, und die einzige Ideologie, die fähig gewesen wären, den Niedergang Europas umzukehren, seien gescheitert.

Arendt beaufsichtigte die Übersetzung seiner Werke in kompetenter Weise und wurde durch seine manchmal überschwenglichen Lobpreisungen belohnt, in denen er ihr Sprachtalent hervorhob und ihre Fähigkeit, mitzudenken und zu verstehen, wie sich das für eine Studentin von ihm geziemte. Mit ein paar Höflichkeitsfloskeln erkundigte er sich nach ihrer Arbeit, bevor er zu einer ausführlichen Beschreibung seiner eigenen überging. Sogar Frau Heidegger war froh über Arendts Engagement für das Werk ihres Mannes, deshalb wurde ihr der Status einer Art Freundin der Familie gewährt. Eine Buchhandlung in Deutschland sandte ihr sechs Werke Heideggers, eines davon in französischer Übersetzung. Arendt beantwortete postwendend seinen »guten Brief«, der mit Ausnahme einer einzigen Frage – nach ihrer Arbeit – ausschließlich von ihm und seinem Werk handelte. »Du hättest mir kaum eine größere [Freude] machen können«, schrieb sie ihm, glücklich, daß er sein langes Schweigen gebrochen hatte. Obwohl es auf der Hand lag, daß er sich nur aus Höflichkeit, nicht aus echtem Interesse nach ihrer Arbeit erkundigt hatte, antwortete sie ihm pflichtschuldig, daß sie in den letzten drei Jahren an drei Themen gearbeitet habe: über das Verhältnis zwischen Handlung und Sprache im Gegensatz zu Werk und Arbeit (»Die[s] könnte ich nicht... ohne das, was ich in der Jugend bei Dir gelernt habe...«); über Philosophie und Politik (»in Deiner Interpretation...«); und über die Frage der Autorität. Sein Brief gab ihr wenigstens Gelegenheit, ihm ein Kompliment zu machen – sie wußte, wie gierig er genau danach war – und auf die Vergangenheit anzuspielen.[103]

Im Herbst 1955 kam Arendt auf ihrer Europareise wie gewöhnlich auch nach Deutschland. Vor dieser Reise hatte sie eine dunkle Ahnung gehabt, daß sich Heidegger von ihr distanzierte. »Von Heidegger«, schrieb sie aus Berkeley, wohin sie eingeladen worden war, im Frühjahrssemester politische Theorie zu lehren, an Blücher, »dem ich ein paar Zeilen vor ein paar Monaten schrieb, nicht ein Wort. Ich habe keine Ahnung, was los ist. Ich schrieb ihm nicht, daß ich nach Europa komme, weil es damals noch nicht entschieden war. Was er übelnimmt oder was sein Mißtrauen wieder einmal geweckt hat, weiß ich nicht. I can't help it [im Orig. engl.]. Vielleicht ist es auch nur die Arbeit.«[104] Erst später dämmerte ihr, daß der Grund von Heideggers Verstimmung die bevorstehende deutsche Übersetzung von »Elemente und Ursprünge totaler Herrschaft« war, die ihm – angesichts der breiten Beachtung, die das Werk aufgrund ihres Renommees schon vor Erscheinen fand – nicht entgangen sein konnte.

Sobald sie in Deutschland war, wurde Arendt erneut von Zweifeln geplagt. »Heidegger – ich weiß noch nicht, was ich mache, glaube aber nicht, daß ich ihn sehen werde«, schrieb sie am

14. November an ihren Mann. »Die Tatsache, daß gerade jetzt mein Buch rauskommen muß..., ergibt die denkbar schlechteste Konstellation. Er weiß nicht, daß ich im Lande bin, ich habe aber ohnehin den Eindruck, daß er augenblicklich an einem Wiedersehen nicht sonderlich interessiert ist. Grund – siehe oben. ... Ich habe das Gefühl, daß ich da erst einmal wieder ein bißchen Gras wachsen lassen sollte. ... Ich bin, wie Du weißt, durchaus bereit, Heidegger gegenüber so zu tun, als ob ich nie eine Zeile geschrieben hätte und nie eine schreiben würde. Und das ist unausgesprochen die conditio sine qua non der ganzen Affäre.« Heidegger könne sie »nur mit Schwierigkeiten« sehen und habe »dazu auch keine Lust«. Arendt feilte eben an einem Vortrag, den sie in Deutschland halten sollte, und war von dem verzweifelten Wunsch getrieben, ihre eigene Arbeit endlich einmal über die von Heidegger zu stellen. Sie suchte nach einem Mittel, um sich ihrer Haut zu wehren, wie sie es drei Jahrzehnte zuvor getan hatte, als sie Marburg verließ, sich einen Liebhaber nahm, Günther Stern heiratete. Jetzt waren es berufliche Verpflichtungen und ihre Arbeit, die sie zu ihrem Schutz aufbot. Aber es funktionierte nicht ganz. »Du siehst«, fuhr sie fort, »der langen Rede kurzer Sinn: ich bin im Begriff, das gleiche zu machen, was ich vor 30 Jahren gemacht habe, und kann es irgendwie nicht ändern. Überschrift: nach dem Gesetz, wonach ›es‹ angetreten...« [Arendts Pünktchen][105]

Dieses Eingeständnis zieht die Summe aus der langen Geschichte von Arendts Beziehung zu Heidegger. Fast dreißig Jahre waren vergangen. Arendt war nun 46 Jahre alt und Heidegger für sie nicht länger das Rätsel, das er für seine achtzehnjährige Studentin dargestellt hatte. Dennoch konnte sie sich seinem Bann nicht entziehen. Ihre Hilflosigkeit bestürzte und beunruhigte sie, denn sie widersprach ihrem gesunden Instinkt. Mit einiger Anstrengung hätte sie zwar die Rolle von Heideggers schwärmerischer Studentin weiterspielen können, aber dagegen lehnte sie sich auf, weil ihre Würde erneut auf dem Spiel stand. Deshalb wandte sie sich jetzt an ihren Mann um Hilfe.

»Ich glaube, Deine Gefühle in der Sache mit Heidegger müssen nicht ganz richtig sein«, antwortete er. »Abzufahren, ohne ihn wissen zu lassen, daß Du da bist, scheint mir sehr hart, und ich begreife es nicht ganz.«[106] In der Tat verstand er weder die Tiefe des Dilemmas, in dem sie steckte, noch ihre Furcht davor, erneut und diesmal von beiden, Martin und Elfride Heidegger, gedemütigt und manipuliert zu werden und wieder in die Position des erniedrigten Mädchens zu geraten. Das war eine Verzweiflung, die Blücher trotz all seiner Sensibilität nicht begreifen konnte, dazu war ihm das selbstauferlegte romantische Leiden zu fremd. Für ihn war Heidegger bloß ein namhafter Philosoph; er versuchte damals gerade, die New School of Social Research zu veranlassen, Heidegger nach Amerika einzuladen. Die Jugendliebe war nach Blüchers Überzeugung, wie gesagt, längst vergessen und begraben. Da er Heidegger genau die Art Bedürfnis unterstellte, die er selbst gegenüber Arendt empfand, nämlich nach einer intellektuellen Partnerin, mißdeutete er ihre Qual als Illoyalität gegenüber einem engen Freund.

Arendt schwankte zwischen dem, was ihre Vernunft ihr riet, und dem, was sie im tiefsten Inneren gefühlsmäßig wußte. Freilich wollte sie sich von Heideggers Macht über sie befreien und ihrem Ausgeliefertsein ein Ende setzen, aber gleichzeitig wollte sie sich seine Freundschaft, vielleicht auch seine Liebe, erhalten. Unsicherheit und das Bedürfnis, geliebt zu werden, bestimmten die Fünfzigjährige ebenso wie die Fünfjährige. Um die Rolle seiner Vertrauten weiterspielen zu können, wäre sie sogar bereit gewesen, ihren Verstand und ihre Leistungen zu verleugnen. Aber sie wußte, daß das Heidegger nicht genügte. Er wollte sie so abhängig von ihm, wie sie es in der Vergangenheit gewesen war. Hin- und hergerissen von widersprüchlichen Empfindungen, sah sie keinen Ausweg: »Irgendwie kann ich es nicht ändern.« »Es« loszuwerden, das war es, was sie wollte und nicht wollte. »Es« war ein Teil von ihr geworden, als sich ihr Bewußtsein bildete – obwohl sie es vermutlich mit dem Erscheinen Heideggers in ihrem Leben in Verbindung brachte –, und es blieb ein Teil von ihr – schwierig, damit zu leben, unmöglich, darauf zu verzichten.

Gekränkt durch Blüchers Vorwurf und seine Fehleinschätzung, gab sie klein bei und gewährte ihm Einblick in die jüngsten Entwicklungen. »Nun zu Heidegger, Liebster, es ist nicht ganz so einfach, wie ich in Verkürzung schrieb. Daß ich nicht fahre, scheint mir wie eine stumme Verabredung zwischen Heidegger und mir«, schrieb sie und funktionierte seine Eifersucht auf ihren beruflichen Erfolg und ihre begründete Vorahnung weiterer Demütigungen zu einem mystischen Band zwischen ihnen um. Aber sie empfand Bitterkeit: »Seit ich nach Berkeley ging, habe ich eigentlich von ihm nichts mehr gehört. Ich gratulierte ihm, wie jedes Jahr, zu seinem Geburtstag aus Griechenland und gab ihm meine Adresse. Er hat mir nicht einmal zum Geburtstag geschrieben. Tu vois... [A.s Pünktchen] Er konnte sich ja an seinen fünf Fingern abzählen, daß ich nach Deutschland kommen werde. Der Grund scheint mir ganz klar: auf der einen Seite Buch plus professorship (was hier in Deutschland natürlich ausposaunt worden ist), auf der anderen der Betrieb in Freiburg, von dem er weiß, was ich denke, auch ohne daß ich da erst hinkommen muß. Er liest dieses Semester einstündig und hat wohl die Vorstellung, daß mein Besuch nur eine unerträgliche Störung wäre. Und vermutlich wäre es auch so. Da er liest, kommt ein Treffen außerhalb Freiburg nicht in Frage. Dies aber wäre die einzige Möglichkeit. Ich könnte all dies überwinden und einfach da sein, hinfahren und Schluß. Aber dies gerade kann ich momentan nicht, weil mir meine eigenen Sachen zu sehr im Kopf rumspuken, was er nach 5 Minuten merken würde.« Es war also weniger berufliche Überbeanspruchung als ein begründeter Verdacht, daß Heidegger sofort den Mangel an ihrer ungeteilten Aufmerksamkeit entdecken würde, der ihn einfach kränken mußte. Obwohl Arendts Überlegungen wohldurchdacht waren und sie ihr Szenarium aus allen Blickwinkeln analysiert hatte, bat sie ihren Mann dennoch: »Aber schreib, was Du denkst.«[107]

Diesmal verstand Blücher. Mit Fakten konnte er umgehen, nicht aber mit ihren dreißig Jahre zurückreichenden geheimsten Befürchtungen. »Wenn Heidegger Dir gar nicht geantwortet hat, wird wohl Deine Auffassung der Lage richtig sein, und dann kann man halt nix machen. Welche Angst und welche Borniertheit.«[108]

Heidegger wußte natürlich wie jedermann, der Zeitungen las, daß Arendt in Deutschland war; er wollte einfach nicht mit ihr zusammentreffen. Ihr Buch nahm in vielen Buchhandlungen, speziell in Universitätsstädten, einen prominenten Platz ein. Ihre Vorträge füllten im ganzen Land die Auditorien, und über die Interviews, die sie gab, wurde in der Presse ausführlich berichtet. Hannah Arendt war eine Sensation in Deutschland, nicht die verlorene Tochter, sondern die stolze Jüdin (sie pflegte, wenn sie in Deutschland in Vorlesungen, Interviews und öffentlich auftrat, zu betonen, daß sie Jüdin sei), die ihr eigenes Volk herausforderte, das sie aus ihrem Land vertrieben hatte. Auch dies mußte zu Heideggers Mißbehagen beitragen.

Dennoch scheint Heideggers Bestreben, Arendt aus dem Weg zu gehen, ein viel tieferes und fundamentaleres Motiv gehabt zu haben. Es war der Grundgedanke von »Elemente und Ursprünge totaler Herrschaft«, der Heidegger zutiefst zuwider war. Und was noch schlimmer war: Ihr Buch war das Werk seiner getreuen Schülerin und einer Frau, von der er sich einbildete, daß sie nicht mehr sei als ein Werkzeug in seinen Händen. Arendt setzte den von ihm bewunderten Nationalsozialismus mit dem Kommunismus gleich, den er verabscheute. Damit durchlöcherte sie (wenn auch nicht absichtlich) Heideggers Hauptverteidigungsstrategie: daß er die nationalsozialistische Ideologie nur unterstützt habe, um den Westen vor den Angriffen des Kommunismus zu erretten. Durch die Gleichsetzung von Nationalsozialismus und Kommunismus machte Arendt Heideggers hehre Absicht zunichte: »... eine Rettung der abendländischen Kultur von den Gefahren des Kommunismus«[109]. Wobei doch selbst das Ziel, die abendländische Kultur zu schützen, nicht die Zusammenarbeit mit den Erbauern der Konzentrationslager rechtfertigte – so das Hauptargument seiner Kritiker, und darauf läuft auch Arendts Buch hinaus.

Es muß Arendt inzwischen klar gewesen sein, daß Heidegger

sie nicht so dringend brauchte, wie sie meinte, um ihn zu »festigen«, sich ihr anzuvertrauen und sein Denken von ihr »beflügeln« zu lassen. Ihre 1952 geäußerte, später zweifelhaft gewordene feste Überzeugung, daß »sich nichts zwischen uns geändert hat« und daß »eine Veränderung wirklich nicht mehr möglich erscheint«, bestand die Prüfung durch die Zeit nicht, wie sie sich jetzt eingestehen mußte.

Elisabeth Blochmann, Heideggers alte Freundin, scheint von ihrem Naturell her besser zu ihm gepaßt zu haben als Arendt. Während Arendt bei ihren Besuchen in Deutschland keine Gelegenheit ausließ, um ihr Judentum zu betonen, was sie sonst nirgends tat, hatte Blochmann ihre jüdische Herkunft immer verabscheut; denn es machte ihr unmöglich, so reindeutsch zu sein, wie sie sich innerlich empfand. 1933 bat sie Heidegger, damals bereits Rektor, für sie zu intervenieren und ihr, wenn möglich, zu helfen, in Deutschland zu bleiben und an der »deutschen Arbeit in irgendeiner Form« mitzuwirken – ganz im Gegensatz zu Arendt, die ihm etwa um die gleiche Zeit mit Fragen bezüglich seiner Haltung gegenüber den Juden zusetzte. Da ihr Heidegger nicht helfen konnte oder wollte, ging Blochmann schließlich nach England ins Exil; 1952 kehrte sie nach Deutschland zurück und wurde an der Marburger Universität Professorin für Pädagogik. Der Briefwechsel zwischen Heidegger und ihr lebte wieder auf. Er schickte ihr seine Bücher als Geschenk, sie sandte ihm Photos von sich. »Elfride brachte mir Deinen lieben Brief hierher...«, schrieb er ihr am 2. November 1955, als Arendt gerade ungeduldig auf ein Wort von ihm wartete. »Mit den beiden Bildern hast Du mir eine ganz besondere Freude bereitet.« Ein Jahr zuvor hatte er Blochmann anvertraut, was er über Karl Löwith dachte: »Von der griechischen Philosophie hat er keine Ahnung...«, schrieb Heidegger. »Vom *Denken* hat er [auch] keine Ahnung, vielleicht haßt er es. Wie mir denn nie ein Mensch begegnet ist, der so ausschließlich aus dem Ressentiment und dem ›Anti-‹ lebt.« In Marburg sei Löwith »der roteste Marxist« gewesen, schreibt Heidegger weiter, er habe »Sein und Zeit« einmal als »verkappte Theologie« betrachtet und ein anderes Mal »reinen Atheismus« genannt. Löwith habe sich noch schlimmerer Dinge schuldig gemacht, auf die Heidegger gar nicht eingehen wollte, »trotzdem ich ihm [Mitte der dreißiger Jahre] in Italien und Japan durch Gutachten weiterhalf...«

In Elisabeth Blochmann, das wußte Heidegger, hatte er eine unkritische Zuhörerin, die, außerhalb der Philosophenwelt stehend, nicht mit ihm streiten konnte und wollte, wie es Arendt manchmal tat. Tatsächlich wagte es Blochmann nur ein einziges Mal, sich ihm gegenüber offen zu äußern, und zwar kurz vor ihrem Tod 1969: »Sonst bleibe ich der ›Sache des Denkens‹ gegenüber etwas ratlos, kann den einzelnen Schritten auch nicht folgen. Das ist meinem simplen common sense doch alles zu fremd. Das muß ich einmal sagen, lieber Martin, auch wenn es Dich enttäuscht... Meine Art, die Dinge des Lebens zu sehen, liegt... so weit ab von Deiner philosophischen Sehweise, daß ich fürchte, eine gemeinsame Sprache gibt es für uns nur noch in einem begrenzten, aber umso kostbareren Bereich.«[110] Manche Wissenschaftler haben die Auffassung vertreten, daß es eine Verbindung zwischen Heideggers »sprachlichem Autoritarismus« und seiner »ausgesprochen autoritären politischen Grundhaltung« geben könnte.[111] Blochmanns »common sense« und Heideggers »philosophische Sehweise« waren unvereinbar. Aber Heideggers virtuose Manipulation der Sprache war schließlich ein integraler Bestandteil seiner öffentlichen und seiner privaten Persönlichkeit.

1955 saß Heidegger wieder fest im Sattel, obwohl seine politische Vergangenheit gelegentlich zu Angriffen Anlaß gab. Fünf Jahre zuvor hatte er Arendt gebraucht, damit sie ihm zuhörte, ihn freisprach und seinen Ruf wiederherstellen half. Was sie auch tat. Jetzt wollte er nicht durch ihre Gegenwart an diese erste Begegnung und an seine Büßersituation von damals erinnert werden. Das alles gehörte der Vergangenheit an, und er sah keinen Grund, es wieder aufleben zu lassen. Auch Arendts Freundschaft mit Jaspers – der Briefwechsel zwischen den beiden Philosophen war praktisch zum Erliegen gekommen – blieb ein wunder Punkt. Heideggers Verhalten beunruhigte Arendt zwar, aber sie gewann auch etwas Distanz. Gelassen berichtete sie Blücher: »Geistig ist [in Deutschland] nicht viel los, außer einer starken Renaissance alles Klassischen. Ansonsten immer noch Heidegger, aber auch dies ziemlich abscheulich, insofern die Leute [seine Philosophie] entweder für baren Unsinn erklären oder in der unwahrscheinlichsten Form ihn nachmachen. Wie weit er selbst das begünstigt, weiß ich nicht. Löwith erzählte mir, ohne jede Bösartigkeit (Heideggers Photo hängt bei ihm im Arbeitszimmer), wie er Seminare für Professoren in einem Bauernhof in Todtnauberg veranstaltet und dort richtig seine Philosophie sozusagen ›pauke‹.«[112]

12 Ein tiefer Bruch

Arendts Entschluß, Heidegger nicht mehr zu sehen oder auch nur in Kontakt mit ihm zu treten, war ein Wendepunkt in ihrer Beziehung. Ursprünglich wollte sie bloß »etwas Gras darüber wachsen lassen«, aber aus dem Gras sollte Gebüsch und aus dem Gebüsch ein Wald werden, bevor sie ihn nach fünfzehn Jahren, 1967, wiedersah. Sie war damals 61 Jahre alt, er 78.

Während all dieser Jahre war er in ihren Gedanken und in ihrer Arbeit ständig präsent. Er bleibe ihr Mentor, versicherte sie ihm, er leite ihr Denken und ihr Schreiben. Aber sie konnte nicht ausschließlich einen Lehrer und einen Philosophen in ihm sehen. »Es« verschwand nicht. Doch sie mußte sich mit Elfrides vorrangiger Stellung in seinem Leben abfinden, die, wie Heidegger ihr klarmachte, seine Entscheidung war und durch die sie in die zweite Reihe verbannt blieb. Die Turbulenzen, die ihre Besuche regelmäßig auslösten, überwogen in seinen Augen sämtliche anderen positiven Überlegungen. Er war nicht länger bereit, mit Arendt allein oder außerhalb seines Hauses zusammenzutreffen, also konnte sie ihm nicht länger geben, was nach ihrer Überzeugung nur sie zu bieten hatte. Sie unternahm denn auch keine Versuche mehr, ihn auf ihren häufigen Deutschlandreisen zu sehen. Was sich änderte, war jedoch nur der äußere Rahmen; keine Besuche, kaum Korrespondenz. Innerlich änderte sich bei Arendt nichts. Er konnte sie glücklich und unglücklich machen. Sie hielt unerschütterlich an ihrer Freundschaft zu ihm fest und duldete keine Einmischung. Während ihres Besuchs bei Jaspers im Oktober 1956 »hatte ich schließlich eine Art Generalbesprechung mit Jaspers, wo er mir fast ein Ultimatum wegen Heidegger stellte«, berichtete sie Blücher. Jaspers forderte einen Abbruch ihrer Beziehung zu Heidegger. »Ich wurde wütend und erklärte, ich liesse mir keine Ultimaten stellen.«[113]

Jaspers hatte damals bereits alle Hoffnung auf eine Versöhnung mit Heidegger aufgegeben. Es störte ihn, daß Arendt ohne Rücksicht auf den so gut wie endgültigen Bruch seiner Beziehung zu Heidegger ihre eigenen Wege ging. Wie Jaspers behauptete, hatte er nach 1945 nicht eigentlich den Entschluß gefaßt, Heidegger nie wiederzusehen – »Es kam eben so...«[114] Ganz so war es nicht gewesen. Er hatte den Briefwechsel zwischen ihnen 1949 begonnen (zwei frühere Briefe wurden nicht abgeschickt), und Anfang 1950 schrieb er Heidegger: »Ich hoffe mit Ihnen, daß wir uns bei gegebener Gelegenheit doch wieder sehen und sprechen.« Heidegger war entzückt von dem Bild, das Jaspers von ihm zeichnete, er sei 1933 ein »träumender Knabe« gewesen, und beschrieb in seinem letzten langen Brief an ihn vom 8. April 1950 (zwei Monate nach Arendts erstem Besuch), wie seine Träume verraten wurden, die Prüfungen, die er durchgemacht, den Mut, den er aufgebracht hatte, um dem Regime in seinen Vorlesungen zu trotzen: »...*keiner* [hat] das gewagt..., was ich wagte.«[115]* In dem Brief an Jaspers hob er auch die entscheidende Rolle hervor, die seine Frau bei seiner Distanzierung vom NS-Regime gespielt habe, vielleicht um die verletzenden antisemitischen Bemerkungen seiner Frau zu entschärfen, die, wie er vermutete, Jaspers von Arendt zu hören bekommen hatte. So wichtig war es ihm, Jaspers zumindest »die Hand wieder zu drücken«, daß er ihm anbot, an den Zug zu kommen, den Jaspers auf seiner Fahrt nach Heidelberg nehmen werde.

Zwei Jahre brauchte Jaspers, um diesen Brief zu beantworten, der mit eigennützigen Rechtfertigungen, Halbwahrheiten und verdrehten Fakten gespickt war, Fakten, »mit denen meine Erinnerungen nicht überall zusammenstimmten«, wie Jaspers erwiderte. Aber es war Heideggers Äußerung, »Stalin braucht keinen Krieg mehr zu erklären. Er gewinnt jeden Tag eine Schlacht...

* In seinem Brief von 1945 an den Rektor der Freiburger Universität hatte er noch geschrieben: »Ich rechne mir in den letzten elf Jahren geleisteten Widerstand geistiger Art zu keinen besonderen Verdiensten an.« M. Heidegger, An das Akademische Rektorat der Albert-Ludwigs-Universität, 4. November 1945[116].

Für uns gibt es kein Ausweichen...«, die Jaspers' Zorn erregte. »So etwas zu lesen erschreckt mich«, schrieb er ihm. Ob Heidegger denn nicht verstehe, daß Deutschland den Boden für Stalins Sieg bereite, fragte er. Ob er nicht sehe, daß eine solche Philosophie, die zu einer »Vision eines Ungeheuren« von noch mehr Zerstörung führe, eine Vorbereitung auf einen weiteren Sieg des Totalitarismus sei, »wie die Philosophie... vor 1933 tatsächlich bereit gemacht hat, Hitler zu akzeptieren?« »...Das großartige Buch von Hannah [›Elemente und Ursprünge totaler Herrschaft‹]« setze sich mit diesen Fragen auseinander, fügte er hinzu, um die Kluft zwischen dem Standpunkt Heideggers und dem seiner Studentin und die Affinität zwischen ihm selbst und Arendt deutlich zu machen.[117]

Aber als Heidegger 1953 Jaspers zu dessen 70. Geburtstag gratulierte und ihn bat, »diesen Gruß eines Wanderers« entgegenzunehmen, wurde Jaspers ein weiteres Mal weich. Er äußerte sein Mitgefühl gegenüber Heidegger, der sich, wie er seinem Brief entnehme, »ganz allein« fühle. Mit unverhüllter Nostalgie schrieb er: »Ich sehe Sie leibhaftig, als ob es eben war, wie Sie seit 1920 oft mit mir, mit uns zusammen waren, sehe Ihre Gebärden, Ihren Blick, höre Ihre Stimme...« Der Ton von Heideggers Brief, »den ich nicht überhöre«, habe neue Hoffnung in ihm geweckt auf das, »was zwischen uns möglich sein könnte«.[118]

Es sollte nicht sein. Die Gründe dafür liegen in tiefen Persönlichkeitsschichten der beiden Philosophen. Obwohl der »träumende Knabe« immer noch eine Anziehung auf Jaspers ausübte, obwohl Jaspers selbst seine Unterschrift auf eine Petition setzte, Heideggers Lehrverbot aufzuheben, obwohl er ihm Briefe schrieb, die er nie abschickte, wußte er im tiefsten Inneren, daß Heidegger niemals mit der NS-Ideologie gebrochen hatte, daß er kein Mann war, dem man vertrauen konnte. Die Notizen, die er sich bis ans Ende seines Lebens über Heidegger machte, zeigen einen Mann, hin- und hergerissen zwischen dem Wunsch, Heidegger erneut nahezustehen, und dem gebieterischen Bedürfnis, seinen eigenen Grundsätzen treu zu bleiben. Für Heidegger war es eher eine Frage von Pragmatismus und Eigeninteresse, sich der Öffentlichkeit gegenüber rühmen zu können, daß ein Mann von Jaspers' Integrität an seinen kurzlebigen »Irrtum« glaubte und ihn von jeder Übeltat freisprach; Jaspers als Freund vorweisen zu können, hätte seinen letztendlichen Sieg bedeutet und die Angriffe gegen ihn gestoppt oder wenigstens vermindert.

Heidegger sollte für Jaspers eine offene Wunde bleiben. »Ich erinnere mich an viele Gespräche mit Jaspers darüber [i. e. über Heidegger], bis in die letzten Monate seines Lebens«, berichtet sein Student und Freund Hans Saner.[119] Als Hannah Arendt 1961 für den mit ihr befreundeten Verleger Kurt Wolff die Druckfahnen von Heideggers »sehr wichtige[m] und auch [ein] sehr schöne[m]«, wie sie fand, Buch über Nietzsche las (das Buch war »eine Zusammenstellung von Vorlesungen aus den dreißiger und vierziger Jahren« – H. A.), verschwieg sie dies Jaspers, um den alten und kranken Mann nicht aufzuregen.[120]

Karl Jaspers beging 1958 seinen 75. Geburtstag. Sein soeben erschienenes Buch »Die Atombombe und die Zukunft des Menschen« trug ihm den Friedenspreis des Deutschen Buchhandels ein, der ihm im Rahmen einer großen Feier in der Frankfurter Paulskirche verliehen werden sollte. Arendt wurde zu ihrer Überraschung und Freude, aber auch zu ihrem Mißbehagen, eingeladen, die Laudatio zu halten. Sie hatte Zweifel, ob es angebracht sei, daß eine persönliche Freundin, eine Frau, Jüdin und Nichtdeutsche, diese Rede halte, und wie sie Blücher gegenüber gestand, hatte sie Angst. Aber ihre vordringlichste Sorge galt Heidegger, was »ich Jaspers nicht sagen kann«, schrieb sie Blücher, indem sie ihn wie gewöhnlich um Rat fragte. Die Vorstellung war beklemmend für sie, zu einer eindeutigen öffentlichen Stellungnahme gezwungen zu sein, die man wahrscheinlich als Akt der politischen Solidarität mit Jaspers interpretieren werde, was zu Recht oder Unrecht als eine Absage an Heidegger erscheinen müsse. Aber, tröstete sie sich selbst, sie könne ja sagen, »was mir beliebt«.[121]

Als Heidegger ein Jahr später siebzig wurde, schickte Arendt ihm Glückwünsche von ihr und Blücher, die sie in Basel aufgab.

In einem kurzen, nach New York adressierten Dankschreiben übermittelte ihr Heidegger Grüße seiner Frau und merkte an, daß er seinen Brief absichtlich nicht nach Basel adressiere. Er wußte natürlich, daß Arendt Jaspers besuchte, und ließ keine Gelegenheit aus, ihr klarzumachen, daß ihm ihre gespaltene Loyalität mißfiel. Sie stellte sich zwischen zwei Männer, die einander verabscheuten und bewunderten, die ihr beide verübelten, daß sie das schaffte, was keinem der beiden gelang, die kontinuierliche Freundschaft zu Heidegger und zu Jaspers, und die beide Anspruch auf sie erhoben. In diesem Jahr machte sie ihre Bereitschaft, eine Einführung in die englische Übersetzung von Heideggers Werken zu schreiben, von seiner ausdrücklichen Zustimmung abhängig. Die Wege der drei *dramatis personae* kreuzten sich ständig und kollidierten miteinander, aber keiner der drei war bereit, den Vorhang endgültig fallenzulassen.

»The Human Condition«, 1958 in den USA erschienen, entsprang Arendts Nachdenken über die politische Betätigung des Menschen – Handeln und Sprache im Unterschied zu Werk und Arbeit. Die deutsche Übersetzung erschien 1960 unter dem Titel »Vita activa oder Vom tätigen Leben«. In einem kurzen Brief vom 28. Oktober 1960 teilte Arendt Heidegger mit, daß sie ihren Verlag ersucht habe, ihm ein Exemplar zu schicken. »Du wirst sehen«, schrieb sie ihm, »daß das Buch keine Widmung trägt. Wäre es zwischen uns je mit rechten Dingen zugegangen – ich meine *zwischen*, also weder Dich noch mich –, so hätte ich Dich gefragt, ob ich es Dir widmen darf; es ist unmittelbar aus den ersten Marburger* Tagen entstanden und schuldet Dir in jeder Hinsicht so ziemlich alles. So wie die Dinge liegen, schien mir das unmöglich; aber auf irgendeine Weise wollte ich Dir doch wenigstens den nackten Tatbestand sagen.«[122]

Auf einem getrennten Blatt Papier schrieb Arendt die folgenden Zeilen, die sie nicht abschickte:

* Anm. E. Ettinger: Im Original schrieb Arendt: »Freiburger«, ein vielsagender Versprecher.

»Re Vita Activa
Die Widmung dieses Buches ist ausgespart.
Wie soll ich es Dir widmen,
dem Vertrauten,
dem ich die Treue gehalten habe
und nicht gehalten habe,
Und beides in Liebe.«

Das war (mit Ausnahme von Festtags- und Geburtstagswünschen) aller Wahrscheinlichkeit nach Arendts erster Brief an Heidegger nach sechsjährigem Schweigen. Dieser traurige, aber kompromißlos ehrliche Brief erregte Heideggers Zorn in einem Maß, daß es ihr die Sprache verschlug.

Im Sommer 1961, nach ihrer Teilnahme am Eichmann-Prozeß in Jerusalem, über den sie für »The New Yorker« berichtet hatte, flog Arendt zu einem Besuch bei Jaspers und seiner Frau in die Schweiz und fuhr dann nach Deutschland weiter. In Heidelberg diskutierte sie mit Studenten und Professoren über den Prozeß und begab sich dann nach Freiburg. Vielleicht hoffte sie, daß sich Heidegger nach Erhalt ihres Bekenntnisses, in der sie ihn an ihre Marburger Zeit erinnert, seiner Mentorrolle die Reverenz erwiesen und sich zu dem Schmerz bekannt hatte, der ihr nach einem ganzen Leben immer noch zusetzte, freuen würde, sie zu sehen. Er war ein alter Mann, krank, einsam und vielleicht froh, seine treue Freundin willkommen zu heißen. Aber ihr wurde ein weiterer Schlag versetzt. »Ich hatte Heidegger geschrieben, ich sei dann und dann da, er könne mich erreichen«, schrieb Arendt an Jaspers. »Er meldete sich nicht, was mir weiter nicht auffiel, da ich noch nicht einmal wußte, ob er in der Stadt war...« Aber dann lud ein Juraprofessor der Freiburger Universität, Joseph H. Kaiser, sie in sein Domizil »von ganz extravagantem Luxus« ein, das er zu Arendts etwas bestürzter Überraschung mit einem männlichen Liebhaber teilte. Auf Ersuchen Arendts bat er auch einen Philosophieprofessor und Kollegen von Husserl und Heidegger, Eugen Fink, hinzu, den sie seit ihrer Studienzeit kannte. »Nun aber Fink: Lehnte die Einladung ›brüsk‹ ab, er wünsche mich nicht zu sehen, und zwar unter deutlichstem Hinweis auf Heidegger, der es ihm offenbar verboten hatte. Warum? Keine Ahnung... Heidegger hat mir noch vor einem Jahr seine damals erschienenen Sachen mit Widmung geschickt. Ich habe ihm daraufhin die Vita activa geschickt. C'est tout.« [Das ist alles.][123]

Wäre dies tatsächlich »alles« gewesen, dann hätte Heidegger sie vielleicht nicht gemieden, ganz zu schweigen von seinen Anweisungen an Fink. Offenbar empfand er ihre Weigerung, das Buch ihm zu widmen, und die sie begleitende Erklärung als einen Akt der Arroganz, als Anklage und, noch schlimmer, als einen Entschluß, den Hannah ganz allein gefaßt hatte, obwohl er sie doch beide betraf. Das war noch nie zuvor geschehen. In seiner Wut bestrafte er sie unmißverständlich und öffentlich und rächte sich für ihre Kühnheit, als unabhängiger Mensch zu denken und zu handeln.

Drei Monate später, nachdem Blücher von einer schweren Krankheit, bedingt durch angeborene Arterienerweiterung, genesen war, schrieb Arendt an Jaspers: »Heidegger – ja das ist eine höchst ärgerliche Geschichte. Sie hat nichts mit der Laudatio zu tun [wie Jaspers inzwischen gemeint hatte]; ich war ja bereits wieder in Verbindung mit ihm. Und ich glaube auch nicht, daß seine Frau im Spiele ist. ...Ich weiß, daß es ihm unerträglich ist, daß mein Name in der Öffentlichkeit erscheint, daß ich Bücher schreibe, etc. Ich habe ihm gegenüber mein Leben lang gleichsam geschwindelt, immer so getan, als ob all dies nicht existiere und als ob ich sozusagen nicht bis drei zählen kann, es sei denn in der Interpretation seiner eigenen Sachen; da war es ihm immer sehr willkommen, wenn sich herausstellte, daß ich bis drei und manchmal sogar bis vier zählen konnte. Nun war mir das Schwindeln plötzlich zu langweilig geworden, und ich habe eins auf die Nase gekriegt. Ich war einen Augenblick lang sehr wütend, bin es aber gar nicht mehr. Bin eher der Meinung, daß ich es irgendwie verdient habe – nämlich sowohl für Geschwindelthaben wie für plötzliches Aufhören mit dem Spiel.«[124] Ihr Brief vom Oktober 1960, die eigentliche Ursache, blieb unerwähnt. Dennoch hatte sie den Finger in die Wunde gelegt: daß sie sich dazu durchgerungen hatte, Heidegger unverblümt die Wahrheit über ihre Beziehung zu sagen und daß sie nicht länger bereit war, das Spiel nach seinen Regeln zu spielen. Daß sie die Strafe »verdient« habe, war ein Eingeständnis von Heideggers junger Schülerin, die sie in einem Winkel ihres Herzens immer noch war.

Jaspers war erstaunt, und nicht ohne Grund. »Von Deinen Büchern muß er [Heidegger] ja längst Kunde haben... Als neu bliebe nur, daß er ein Buch [Vita activa] von Dir direkt erhalten hat – und darauf solche Reaktion!«[125]

Heidegger wußte nicht nur über ihre Bücher Bescheid, sondern hatte sie, als Geschenke Arendts, zu Hause, ohne sich je die Mühe zu machen, hineinzuschauen; wie er Arendt regelmäßig schrieb, begnügte er sich damit, sie an seine Frau weiterzureichen. Er wußte auch über ihre Arbeit Bescheid – aus ihren Briefen. Auch wenn er sie nur indirekt danach fragte, sie informierte ihn stets ausführlich darüber, ohne daß er je darauf einging. Er *wußte* also, daß sie bis drei und sogar bis vier zählen konnte. Es war ihr Akt der Unabhängigkeit, für ihn ein sichtbares Zeichen, daß sie seiner Kontrolle entglitt, der ihn empörte – ihre Neigung zur Selbständigkeit, die er vielleicht noch aufhalten konnte (was ihm in gewisser Weise auch gelang), wenn er sie zur Vernunft brachte. Aber auch seine anderen Gefühle, seit Jahren angestaut, sollte man nicht unterschätzen: In der Tat mißgönnte er ihr ihre Berühmtheit, ihren Namen und ihr Werk, ihr Denken und ihren Geist, ihre Freundschaft mit Jaspers und vielleicht sogar das persönliche Glück, das sie in der Ehe fand. Obwohl sie sich geschworen hatte, »niemals wieder einen Mann zu lieben« außer ihm, hatte sie ihn mit Blücher »betrogen«. Ihr erfolgreiches und erfülltes Leben beraubten ihn einer verehrungsvollen Schülerin, die er nach Gutdünken manipulieren konnte. Ebenso wie Jaspers und Arendt hielt er sich gedanklich allzu oft in den zwanziger Jahren auf. Von der Hannah, die ihm »die Treue gehalten... und nicht gehalten« hatte, »und beides in Liebe«, hatte er nie etwas erfahren.

Kurz danach hörte Arendt von Jaspers Tatsachen über Heidegger, die Jaspers ihr zwanzig Jahre lang vorenthalten hatte. Im

Februar 1966 hatte »Der Spiegel« einen Artikel veröffentlicht, der sich kritisch mit Heideggers Nazi-Vergangenheit und seinem Antisemitismus auseinandersetzte. Beiläufig fragte Arendt Jaspers, was er davon halte. »Ich mochte es [den Artikel] gar nicht. Man sollte ihn in Ruh lassen«, schrieb sie. Der dreiundachtzigjährige Jaspers widersprach ihr entschieden: »In diesem Falle Heidegger ›in Ruhe zu lassen‹, halte ich nicht für wünschenswert. Er ist eine Macht und heute wieder für alle, die ihr eigenes Nazitum entschuldigen. ... Die Behauptung, Heidegger sei, weil Gertrud Jüdin ist, nicht mehr zu uns gekommen, ist ja reine Erfindung... Daß Gertrud Jüdin ist, war für ihn an sich gewiß kein Motiv. Aber er hat sich beim Fortgang nach dem letzten Besuch bei uns, Mai 1933, von ihr außerordentlich unhöflich, fast gar nicht verabschiedet. Der Grund lag darin, daß sie, nach ihrer Art, geradezu und offen ihre Meinung gesagt hatte, während ich es vorsichtig und indirekt tat, mit großem Mißtrauen. Sein so unritterliches Verhalten zu Gertrud in dieser Situation habe ich ihm nicht vergessen. ... Den Grund, den er nach 1945 angab, er habe sich geschämt, halte ich für eine Ausrede. ... Vor meinem 60. Geburtstag fragte ihn [Friedrich] Oehlkers, unser Freund, Ordinarius für Botanik in Freiburg: mein Geburtstag stehe bevor, ob er nicht gratulieren wolle. Seine Antwort, pathetisch von mir redend, selbstverständlich: ja. Er tat es nicht. So wenig, wie er sich äußerte, als ich 1937 meines Amtes beraubt wurde. ... Anders beurteile ich natürlich das, was er objektiv getan hat. Wie er sich, selber nie Antisemit, zu Juden verhalten hat, manchmal ausgezeichnet, wenn er jemanden, wie Brock [Heideggers Assistent Werner Brock], schützen wollte (wie es übrigens fast alle alten Nazis getan haben), manchmal, wie in dem offiziellen Brief nach Göttingen über den Juden Fränkel, genauso wie Nazis schrieb. Auch sein Verhalten zu Husserl war Gehorsam gegenüber den Nazis. ... Eben las ich nun die Erwiderung Heideggers im ›Spiegel‹. Mir nur ärgerlich und niveaulos.«[126]

Arendt gab nicht nach. Jaspers' Anklagen schürten ihre Verärgerung über Heideggers Kritiker noch und veranlaßten sie ein weiteres Mal, ihn zu verteidigen. »Du sagst selbst, der Antisemitismus [Heideggers] habe keine Rolle gespielt. Aber die Angriffe gegen ihn kommen nur aus dieser Ecke und keiner anderen.« Sie könne »es zwar nicht beweisen«, vermute aber, daß die »Drahtzieher« Leute seien, die der Adorno-Horkheimer-Schule angehörten. Adorno, »Halbjude und einer der widerlichsten Menschen, die ich kenne«, (sie nannte ihn bei seinem richtigen Namen, Wiesengrund, um auf sein Bestreben hinzuweisen, seine jüdische Abkunft zu verbergen) oder Horkheimer bzw. von diesen aufgehetzte Leute seien durchaus imstande, Heidegger zu vernichten. »Er und Horkheimer haben jahrelang jeden Menschen in Deutschland, der sich gegen sie stellte, des Antisemitismus bezichtigt oder gedroht, sie würden es tun.«

Was Jaspers' quälend lang gehütete Geheimnisse über Heideggers rüde Behandlung von Gertrud Jaspers, seine Bemerkungen über den »Juden Fränkel« und seine Servilität gegenüber den Nazis betraf, so wischte Arendt sie mit einem kurzen Satz vom Tisch: »Was Du sagst, davon hat niemand irgendeine Vorstellung.«[127] Aus ihren Worten folgte, daß Heideggers Ruf nicht weiter gefährdet gewesen wäre, wenn Jaspers nur darauf verzichtete, öffentlich seine Wahrheit zu sagen, und offenbar unterstützte Jaspers die Anklagen daraufhin nicht mehr. Ein Teil des Belastungsmaterials wurde somit nicht offengelegt, weil »die zwei besten Freunde« Heideggers sich gemeinsam bemühten, es geheim zu halten. Aber wie Faulkner sagte: Die Vergangenheit ist niemals tot. Sie ist nicht einmal vergangen.

13 Ein letzter Anfang zu viert

1966 wurde Hannah Arendt sechzig Jahre alt. Nach jahrelangem Schweigen meldete sich Heidegger mit Glückwünschen bei ihr, einem Zeichen, daß er das Vergangene vergangen sein lassen wollte. Daß ihr der renommierte Lessingpreis 1959 verliehen worden war, hatte er schweigend übergangen – ein bewußter Affront und eine Mahnung, daß die Bestrafung noch nicht zu Ende war. Er konnte es nicht lassen, ihr unter die Nase zu reiben, daß er mit seiner Frau mehrere angenehme Reisen nach Griechenland gemacht hatte – reichlich spät, bedenkt man die beherrschende Rolle der griechischen Philosophen und der griechischen Antike in seinem Werk. Dem Brief lag eine Ansichtskarte von der Landschaft bei, die er von seinem Arbeitszimmer in der Todtnauberger Hütte vor Augen hatte, sowie ein Gedicht mit dem Titel »Herbst«.

In der Tat war der Herbst gekommen. Karl Jaspers, geplagt von Krankheiten und Taubheit, sollte drei Jahre später im Alter von 86 Jahren sterben, ohne sich mit Heidegger versöhnt zu haben. Heidegger war jetzt 77, seine Frau 73. Die Zeit des Sturms und des Dranges war vorüber.

Heideggers Herbstbrief brachte Arendt »die größte Freude«. In einem Entwurf ihres Dankesbriefs, begleitet von einem Goethe-Wort – ihrer beider Innenwelt widerstand jeglichem Wandel –, führte sie Heideggers Veröffentlichungen auf, die in seine gesammelten Werke aufgenommen werden sollten. Dieses Unternehmen plante sie schon seit Jahren und versuchte, die Zustimmung des zögernden Heidegger dafür zu erhalten. Er war nicht gewillt, dem ausgetretenen Pfad zu folgen und die »Heideggeriana«, wie er seine Werke etwas sarkastisch bezeichnete, gesammelt erscheinen zu lassen. Die Auswahl bereitete ein weiteres Problem: Einerseits lehnte er es ab, sich öffentlich von seiner

Vergangenheit loszusagen*, andererseits wollte er seine kompromittierenden Artikel, Vorträge, Appelle etc. nicht in die gesammelten Werke aufgenommen sehen.

Ein Jahr später, 1967, stattete Arendt den Heideggers einen Besuch ab, den ersten seit 1952. Ihm folgten mehrere herzliche und lebhafte Briefe von Heidegger und sein 1960 veröffentlichtes Buch »Der Ursprung des Kunstwerks« mit der handschriftlichen Widmung: »Für Hannah zur Erinnerung an unser Wiedersehen, Martin, Frg., 27. Juli 1967.« Nach ihrer Begegnung von 1950 hatte Heidegger bis zur Jahreswende Hannah fünf seiner Werke mit herzlichen Widmungen geschickt, und obwohl im Lauf der nächsten Jahre noch einige gefolgt waren, kam dieses nun nach einer jahrelangen Pause. Das war von besonderer Bedeutung für sie: Sie hatte alles getan, was sie konnte, um den Heilungsprozeß – wenn auch spät in ihrer beider Leben – in Gang zu setzen, und es gelang ihr. Wahrscheinlich konnte sie den Gedanken nicht ertragen, daß Heidegger sterben könnte, ohne daß sie sich versöhnt hatten. Sie wußte aber auch, daß dieser Prozeß ohne einen Friedensschluß mit Elfride Heidegger keine Chance hatte. Deshalb reichte sie Heideggers Frau die Hand; sie beschlossen, einander beim Vornamen zu nennen, ein Zeichen echter Nähe, und die Barriere, die in Arendts Leben erstmals aufgetaucht war, als sie achtzehn war, schien damit in gewissem Sinn überwunden. Es war ein großzügiger Akt der Freundschaft gegenüber Heidegger und machte Arendts tiefempfundene, unerschütterliche Vorstellung dessen deutlich, was das Wort »Freund« für sie bedeutete. Es war auch ein Eingeständnis, daß ihre Gefühle für Heidegger unberührt geblieben waren. Heidegger, das wußte sie, litt immer häufiger unter Niedergeschlagenheit, und dies war die Zeit, da er sie wiederum brauchte. Die zwei Gedichte, die er gegen Ende dieses Jahres für sie verfaßte, trugen die vielsagenden Titel: »In der Dunkelheit« und »Abendlied«.

* Die in seinem Marbacher Archiv befindlichen NS-freundlichen Schriften Heideggers, wie eine Broschüre, die von der Propagandaabteilung in Wien veröffentlicht wurde, sind bis heute nicht zugänglich.

Im folgenden Jahr war Arendt mit der Beaufsichtigung der englischen Übersetzung seines Werks »Was heißt Denken?« beschäftigt. »So hilf ihm fragen«, hatte Blücher sie 1952 ermutigt. Heidegger erkannte ihre Hilfe bei der Übersetzung dankbar an, nicht als etwas, was ihm zustand, sondern als Akt der Freundschaft, und fügte hinzu, daß niemand seine Gedanken besser verstehe als sie. Natürlich hatte sie das auch schon früher gehört, wenn auch nicht in dieser Form, aber sooft er es sagte, festigte er damit für sie ihr inneres Band. Ihr Artikel über Walter Benjamin, den Heidegger gelesen hatte, wenn auch flüchtig, wie er zugab, erntete Lob von ihm, offenbar das erste und das letzte.

Im nächsten Jahr besuchte Arendt die Heideggers erneut, und im August 1969 machten Heinrich Blücher und seine Frau einen Besuch bei Martin Heidegger und dessen Gattin. Der außergewöhnliche Anlaß wurde von Heidegger mit einem besonderen Geschenk bedacht: ein von Fritz Heidegger verfaßtes Büchlein, mit dem sein Geburtsort Meßkirch den 80. Geburtstag seines berühmtesten Sohnes feierte. Heideggers Widmung lautete: »Für Hannah und Heinrich – Martin und Elfride.« Der Kreis hatte sich geschlossen.

Die beiden Paare planten einen ähnlichen Besuch für das folgende Jahr. Im Oktober 1970 starb Heinrich Blücher.

Im April 1969 wandte sich Elfride Heidegger an Arendt um Hilfe. Der sich verschlechternde Gesundheitszustand ihres Mannes zwinge sie, ihr großes Haus zu verkaufen und einen kleineren, ebenerdigen Bau zu errichten, schrieb sie. Die geschätzten Kosten betrügen zwischen 80000 und 100000 DM. Natürlich hätten sie eine solche Summe nicht flüssig, deshalb hätten sie beschlossen, das Manuskript von »Sein und Zeit« zu verkaufen. Allerdings verstünden sie beide nichts von Geld (der Briefwechsel zwischen Jaspers und Heidegger liefert einen eindeutigen Beweis für das Gegenteil; selbst die Umrechnung von Devisen, als Heidegger 1924 ein Arbeitsangebot aus Japan erhalten hatte, hatte damals keine Schwierigkeiten bereitet). Weder wüßten sie, was das Manuskript wert sei, noch, wo man es verkaufen könnte. Nötigenfalls könnte auch das Manuskript der Nietzsche-Vorlesungen zum Verkauf angeboten werden. Die Angelegenheit müsse allerdings mit äußerster Diskretion behandelt werden, betonte Elfride Heidegger.

Innerhalb von fünf Tagen antwortete Arendt. Von Kauf und Verkauf von Manuskripten verstehe sie zwar nichts, aber soweit sie es beurteilen könne, sei das Manuskript von »Sein und Zeit« zweifellos von großem Wert, der mit der Zeit noch steigen werde. Solche Manuskripte sollte man daher eher Sammlern als offiziellen Institutionen anbieten. Der beste Weg, wie sich die Heideggers zuverlässige Informationen verschaffen könnten, sei, sich an das größte und bekannteste Auktionshaus in Deutschland, J. A. Stargardt in Marburg, zu wenden. Diskretion sei freilich ausgeschlossen, da das Haus seine Kataloge in die ganze Welt verschicke. Aber man könne einen Mittelsmann finden. Arendt bot an, mit einigen vertrauenswürdigen Leuten zu reden, darunter mit dem Leiter der Manuskript-Abteilung an der Library of Congress. Arendts Rat verwies sie vorrangig nach Deutschland.

Innerhalb von drei Tagen traf die Antwort Frau Heideggers ein. Eine Versteigerung erscheine nicht als das richtige Verfahren, vielmehr komme eher eine Stiftung oder Bibliothek wie die Library of Congress in Frage. Ob Arendt ihnen, wenn es nicht zuviel Mühe sei, einen Gefallen tun und sich von dem erfahrenen Bibliothekar, den sie erwähnt habe, einen Tip geben lassen könne, wieviel Geld das Manuskript einbringen würde? Weitere Korrespondenz über dieses Thema oder eine schriftliche Antwort Arendts seien nicht nötig, da man die Angelegenheit bei dem bevorstehenden Besuch der Blüchers im August persönlich besprechen könne.

Dennoch schrieb Arendt am 17. Mai einen ausführlichen, zwei Seiten langen, einzeilig getippten Brief, eine Zusammenfassung der Ratschläge, die sie von dem Bibliothekar erhalten hatte. Zur Unterbringung des unschätzbaren Manuskripts komme, diesem zufolge, am ehesten das Schiller-Archiv in Marbach am Neckar in Frage, das über große Mittel verfüge; sodann schlage er die Bibliothèque Nationale in Paris vor, die für ihre enormen Bestände an deutschen Manuskripten bekannt sei, und in den USA die Universität Yale, berühmt für ihre deutschen Sammlungen einschließlich der Werke von Rilke – oder Princeton bzw. Harvard. Der höchste Preis sei wahrscheinlich an der Universität von Texas zu erzielen, die daran interessiert sei, ihre Bestände zu vergrößern. Die Kongreßbibliothek kaufe nur Americana. Arendt wiederholte ihren ursprünglichen Rat, sich an das Auktionshaus Stargardt zu wenden, das auch als Vermittler fungiere. Eine andere Möglichkeit, meinte sie, sei der erfahrene und vertrauenswürdige Professor Köster von der Deutschen Bibliothek in Frankfurt, der Nachfolger von Professor Eppelsheimer, der ihr 1949 bei ihrem ersten Besuch in Deutschland enorm geholfen habe, als sie »nach herrenlosem jüdischen kulturellen Eigentum fahndete«. Die Frage, wieviel Heideggers Manuskript einbringen könnte, sei nicht mit Sicherheit zu beantworten; einige nicht sonderlich interessante Briefe Einsteins hätten bei Sotheby's in London 5000 Pfund eingebracht; Gerhart Hauptmanns Schriften seien in Berlin für mehr als zweieinhalb Millionen Mark weggegangen. Arendts Bibliothekar meinte, »Sein und Zeit« könnte mindestens 70 000 bis 100 000 DM einbringen.[128]

Hinter diesem Briefwechsel über den Verkauf von Heideggers Manuskript scheint mehr zu stecken, als auf den ersten Blick sichtbar wird. An wen wenden sich die Heideggers, wenn es um Finanzfragen geht? An einen Juden. Man könnte Heideggers – angebliche – Unfähigkeit, seine Finanzen in Ordnung zu halten – was er doch vom Beginn seiner akademischen Karriere an gut geschafft hatte –, auf seinen schlechten Gesundheitszustand zurückführen, wenn es kein Faktum wäre, daß er später, als es ihm gesundheitlich noch schlechter ging, einen saftigen Preis für alle seine Manuskripte herausschlug, als er sie schließlich an das Schiller-Literaturarchiv in Marbach verkaufte.

Arendt erkannte das Verhaltensmuster natürlich auf den ersten Blick. Warum verkaufte man das Manuskript nicht in Deutschland, wo es eigentlich hingehörte? Würde eine gute Deutsche für ein paar Dollar mehr ihr Land eines unschätzbaren Manuskripts berauben? Offenbar war das wohl so. Arendts Vorschlag, es dem Schiller-Archiv oder dem National-Archiv in Frankfurt anzubieten, wurde von Elfride Heidegger mit der Begründung abgelehnt, daß die Deutschen nicht so viel zahlten wie die Amerikaner.

Arendt hätte alles getan, um Martin Heidegger zu helfen, der sie jetzt, gegen Ende seines Lebens, erneut brauchte – wenn auch aus weniger hehren Gründen als aus geistiger Affinität. Aber die Rolle, in die er und seine Frau – sie argwöhnte wohl, daß Elfride Heidegger die treibende Kraft hinter dem ganzen Plan sei – sie drängten, irritierte sie. Sie verstehe genausowenig von Kaufen und Verkaufen wie sie, gab sie ihnen zu verstehen. Aus diesem Grund war es ihr so wichtig, sich um professionellen Rat zu bemühen und diesen lediglich an die beiden weiterzuleiten. Heidegger mit seiner lebenslangen Verachtung für Amerika und dessen Idole – Geld und Technik – stellte einen merkwürdigen Partner in diesem Geschäft dar. Weder scheute er sich, Dollars zu nehmen, noch, sein Land eines nationalen Schatzes zu berauben.

Arendts gemischte Gefühle, sich in diese geschäftlichen Transaktionen hineinziehen zu lassen, gehen auch daraus hervor, daß sie auf ihre ersten Deutschlandreisen anspielte, die sie zur Sicherstellung der von den Deutschen gestohlenen jüdischen Kulturgüter unternommen hatte. Sie verwendete das Wort *»herrenloses* jüdisches Eigentum«, einen von den Nazis geprägten Euphemismus, mit dem diese den Tatbestand der Plünderung vernebelten. Wollte sie Elfride Heidegger damit erinnern, daß sie, Hannah Arendt, die Vergangenheit nicht vergessen hatte? Vielleicht.

14 Der Tod

Neun Tage nach dem Tod Heinrich Blüchers sprachen Martin und Elfride Heidegger Arendt ihr Mitgefühl aus. Dem Brief lag ein Gedicht Heideggers mit dem Titel »Zeit« bei. Im darauffolgenden Sommer stattete ihnen Arendt einen Besuch ab, und sie kam nun alljährlich bis an ihr Lebensende. Heideggers Gesundheit verschlechterte sich weiter, doch ihre Besuche rissen ihn etwas aus seinen Depressionen, was Frau Heidegger zu schätzen lernte. Die Besuche wurden von ihr sorgfältig geplant und auf Monat, Tag und Stunde genau festgelegt. 1973 bat Heideggers Schüler Walter Biemel Arendt, Heidegger zu schreiben, denn dieser befürchte, daß sie ihm irgend etwas nachtrage, weil sie sich vor ihrer Abreise aus Deutschland nicht mehr gemeldet habe. Heidegger hatte sich zur Zeit, als sie ihn besuchen wollte, bei seinem Bruder in Meßkirch aufgehalten, und das habe ihm sehr leid getan, ließ Biemel sie wissen. Einsam und isoliert, sah er keine Menschen, da seine Frau seinen Umgang regelte und prinzipiell keine Besucher zuließ. Obwohl dies aufgrund seines schlechten Gesundheitszustandes nötig sein mochte, wie Biemel einräumte, mache ihm die Einsamkeit schwer zu schaffen.

Das ganze Jahr 1971 über schrieb Arendt Heidegger ausführliche Briefe; sie arbeitete an ihrem (posthum veröffentlichten) »The Life of the Mind«* und befragte ihn zum Thema Denken, Wollen und Urteilen. Im folgenden Jahr kehrte sie zum Thema des Bösen zurück. Die englische Übersetzung von Heideggers Werken, die Tantiemen, Verleger, seine gesammelten Werke – all dies beschäftigte sie rund um die Uhr. Von Castine/Maine aus, wo sie den ersten Sommer nach dem Tode ihres Mannes in Mary McCarthys Haus verbrachte, bestand sie darauf, er solle der Ver-

* »Vom Leben des Geistes«. München, Piper 1979.

öffentlichung einer Sammlung seiner Essays mit dem vorläufigen Titel »Reflections« zustimmen, ein Titel, der Heidegger nicht gefiel. Sie versuchte, ihn zu überzeugen, daß »Deine jahrelange Freundschaft mit Jaspers... abgesehen von allem Persönlichen, abgesehen auch von dem weiteren Verlauf dieser Freundschaft, ...dies alles zu der Geschichte der Philosophie in Deutschland und unserem Jahrhundert« gehöre.[129]

Das kleine Haus, gekauft vom Erlös des Manuskripts, das schließlich an das Schiller-Literaturarchiv in Marbach veräußert worden war, stand bereit, und zu Arendts Erleichterung zogen die Heideggers ein. Zur Feier des Anlasses schickte sie ihnen Blumen. Sie versuchten, einander Freude zu bereiten: Arendt schickte ihm Nadeschda Mandelstams »Hope Against Hope« und Melvilles »Billy Budd«, und Heidegger revanchierte sich mit Büchertips und schenkte ihr Gedichte und Blumen. Sie tauschten Bilder aus und trösteten einander. Heidegger war besorgt über Arendts Erschöpfung und Traurigkeit, einen Zustand, den er, wie er betonte, nur zu gut kenne. Aber er konnte nicht viel tun, um ihre Stimmung aufzuhellen. Ein Unterton stummer Resignation spricht aus diesen letzten Briefen.

»Wie Du liest, liest keiner und hat auch niemand vor Dir gelesen«, schrieb Arendt ihm 1974 in Erinnerung an die Vorlesungen, die sie ein halbes Jahrhundert zuvor besucht, und über die Zeit nachsinnend, als sie in seinem Hörsaal gesessen hatte.[130] Im nächsten Jahr verbrachte sie mehrere Monate in Marbach mit der Arbeit am literarischen Nachlaß von Jaspers, und Heidegger war tief enttäuscht, daß sie Deutschland verließ, ohne ihn wiederzusehen.

In ihrem letzten Brief an Heidegger vom 27. Juli 1975 aus dem schweizerischen Tegna, wo sie Urlaub machte, versprach ihm Arendt, im August nach Freiburg zu kommen. In seinem letzten Brief an sie vom 30. Juli äußerte Heidegger seine Freude, sie bald zu sehen. Mitte August besuchte sie ihn.

Am 4. Dezember starb Hannah Arendt. Heidegger überlebte sie um fünf Monate. Er starb am 28. Mai 1976.

Anmerkungen

Abkürzungen:

Hannah Arendt – A
Heinrich Blücher – B
Martin Heidegger – H
Library of Congress – LC
Hannah Arendt Literary Trust – ALT

Die Korrespondenz zwischen Hannah Arendt und Heinrich Blücher wurde mit Genehmigung des Hannah Arendt Literary Trust ausgewertet. Sie befindet sich in der Library of Congress, Washington. Die Korrespondenz zwischen Hannah Arendt und Martin sowie Elfride Heidegger wurde mit Genehmigung des ALT geprüft, und ebenfalls mit Genehmigung des ALT wurde aus den Briefen Hannah Arendts zitiert. Aus Heideggers Briefen an sie durfte nicht zitiert werden.

Anmerkungen:

Vorwort

1 A an H, 28. Oktober 1960, nicht abgeschickt, ALT
2 A an B, August 1945, LC
3 A an H, 8. Mai 1954, ALT
4 A an H, 26. Juli 1974, ALT
5 A an B, 8. Februar 1950, LC

Kapitel 1 bis 14

1 *The New York Review of Books*, 21. Okt. 1971. Zuerst veröffentlicht in der Zeitschrift »Merkur« 1969, als Heidegger 80 wurde.
2 Persönliche Mitteilung von Hugo Ott, Freiburg, 1. August 1991
3 Löwith, Karl, *Mein Leben in Deutschland vor und nach 1933*, Metzler, Stuttgart 1986, S. 42 f.
4 Heidegger, Fritz, *Martin Heidegger zum 80. Geburtstag von seiner Heimatstadt Meßkirch*, Klostermann, Frankfurt/Main, S. 60
5 *Martin Heidegger/Karl Jaspers, Briefwechsel 1920–1963*, Walter Biemel & Hans Saner, Hg., Klostermann, Frankfurt/Main, Piper, München/Zürich 1990, S. 46

6 A an H, 22. April 1928, ALT
7 A an H, 9. Februar 1950, ALT
8 A an H, 28. Oktober 1960, ALT
9 Ott, Hugo, *Martin Heidegger, Unterwegs zu seiner Biographie*, Campus Verlag, Frankfurt–New York 1988, S. 183
10 Hill, Melvyn, Brief an die Autorin, 3. März 1993
11 A an B, 18. September 1937, LC
12 Persönliche Mitteilung von Käte Fürst, Ramat Hasharon, Israel, 13. Januar 1990
13 A an B, 8. Februar 1950, LC
14 *Martin Heidegger / Elisabeth Blochmann, Briefwechsel 1918–1969*, Joachim W. Storck, Hg., Deutsche Schillergesellschaft, Marbach am Neckar 1989, S. 22f.
15 A an H, 22. April 1928, ALT
16 A an B, 18. September 1937, LC
17 A an Elfride Heidegger, 10. Februar 1950, ALT
18 *Günther Anders antwortet*, Elke Schubert, Hg., Tiamat, Berlin 1987, S. 24
19 Ebd., S. 24f.
20 A an H, undatiert, wahrscheinlich Anfang 1929, ALT
21 A an H, undatiert, wahrscheinlich Frühjahr 1929, ALT
22 A an H, undatiert, wahrscheinlich September 1929, ALT
23 *Die Zeit*, Nr. 52, 22. Dezember 1989, »Die Verjudung des deutschen Geistes. Ein unbekannter Brief Heideggers«, [2. Oktober 1929] von Ulrich Sieg
24 A an B, 11. August 1936; B an A, 19. August 1936; A an B, 12. August 1936; B an A, 12. August 1936; A an B, 19. August 1936; LC
25 A an B, 12. August 1936; A an B, 24. August 1936; A an B, 24. und 26. November 1936; LC
26 A an B, 18. September 1937; B an A, 19. September 1937; A an B, 20. Februar 1937; LC
27 »Commentary«, New York, Juni 1967, S. 6f.
28 Neske, Günther & Emil Kettering, Hg., *Martin Heidegger and National Socialism*, Paragon House, New York 1990, S. 45; *Der Spiegel*, Nr. 23 / 1976, S. 198
29 Rose, Paul Lawrence, *Revolutionary Antisemitism in Germany from Kant to Wagner*, Princeton University Press, New Jersey 1990
30 Jaspers, Karl, *Philosophische Autobiographie*, Piper, München 1977, S. 101
31 Poeggeler, Otto, *Der Denkweg Martin Heideggers*, Neske, Pfullingen 1990, S. 325
32 *Der Spiegel*, op. cit., S. 215

33 Schneeberger, Guido, *Nachlese zu Heidegger*, Bern 1962, S. 137
34 *Die Zeit*, op. cit.
35 *Antwort, Martin Heidegger im Gespräch*, Günther Neske, Emil Kettering, Hg., Günther Neske, Pfullingen 1988, S. 204
36 *The Heidegger Controversy*, Richard Wolin, Hg., Columbia University Press, New York 1991, S. 160ff. (Übersetzung leicht geändert); Ott, Hugo, op. cit., S. 186
37 Zitiert in Ott, Hugo, op. cit., S. 163f.
38 Neske, Kettering, Hg., *M. Heid. & Nat. Soc.*, op. cit., S. XXX, (Übersetzung leicht geändert)
39 *Heidegger/Jaspers, Briefwechsel*, op. cit., S. 87f.
40 Persönliche Mitteilung von Hugo Ott, Freiburg, 1. Aug. 1991
41 *Der Spiegel*, op. cit., S. 198
42 Heidegger, Martin, *Die Selbstbehauptung der deutschen Universität, Das Rektorat 1933/34.* V. Klostermann, Ffm., 1983, S. 15
43 Ebd., S. 18
44 Ebd., S. 26–30. Heidegger spricht in der Regel von »Bewegung«, nicht von »Nationalsozialismus«
45 *Heidegger/Jaspers, Briefwechsel*, op. cit., S. 155
46 Neske, Kettering, Hg., *M. Heid. & Nat. Soc.*, op. cit., S. 225
47 Schneeberger, op. cit., S. 111
48 Ott, Hugo, op. cit., S. 146f.
49 *Der Spiegel*, op. cit., S. 201
50 A an B, 26. Dezember 1949, LC
51 Jaspers, *Notizen zu Martin Heidegger*, Hans Saner, Hg., Piper, München/Zürich 1978, S. 92f., 97
52 *Heidegger/Jaspers, Briefwechsel*, op. cit., S. 42
53 Jaspers, Karl, *Notizen*, op. cit., S. 96
54 Jaspers, *Phil. Autobiog.*, op. cit., S. 101
55 *Heidegger/Jaspers, Briefwechsel*, op. cit., S. 156
56 Ebd., S. 146f.
57 Ebd., S. 196ff.
58 Ott, Hugo, op. cit., S. 183
59 Ebd., S. 316
60 Neske, Kettering, Hg., *Antwort*, op. cit., S. 206f.
61 Ott, Hugo, op. cit., S. 201–213
62 Ebd., S. 211
63 Hitler, Adolf, *Mein Kampf*, Zentralverlag d. NSDAP, München 1940, S. 414
64 A an B, 13. Juni 1952, LC
65 *Heidegger/Blochmann, Briefwechsel*, op. cit., S. 90
66 Friedrich Oehlkers an Karl Jaspers, 15. Dezember 1945; freundlicherweise von Hugo Ott; siehe auch Ott, Hugo, op. cit., S. 135

67 *Heidegger/Blochmann, Briefwechsel*, op. cit., S. 71
68 Löwith, Karl, op. cit., S. 57
69 Ott, Hugo, op. cit., S. 23
70 *Heidegger/Jaspers, Briefwechsel*, op. cit., S. 62 und S. 110
71 Heidegger, Martin, »An das Akademische Rektorat der Albert-Ludwigs-Universität«, 4. November 1945, ALT
72 Ott, Hugo, op. cit., S. 322f.
73 *Heidegger/Jaspers, Briefwechsel*, op. cit., S. 110
74 Arendt, Hannah, »What is Existenz Philosophy?«, *Partisan Review*, Bd. 13, Nr. 1, 1946, S. 34ff.; S. 46
75 *Arendt/Jaspers, Briefwechsel*, op. cit., S. 79
76 Ebd., op. cit., S. 84
77 Ebd., S. 178
78 Ebd., S. 204
79 A an B, 18. Dezember 1949, LC
80 *Heidegger/Jaspers, Briefwechsel*, op. cit., S. 146f.
81 A an B, 3. Januar 1950 und 5. Februar 1950; LC
82 A an H, 9. Februar 1950, ALT
83 A an B, 8. Februar 1950, LC
84 *Arendt/Jaspers, Briefwechsel*, op. cit., S. 204
85 A an H, 9. Februar 1950, ALT
86 A an B, 8. Februar 1950, LC
87 A an H, 9. Februar 1950, ALT
88 A an B, 7. März 1950, LC
89 A an Elfride Heidegger, 10. Februar 1950, ALT
90 B an A, 10. Mai 1952; A an B, 18. Mai 1952; LC
91 A an B, 24. April 1952, LC
92 A an B, 24. Mai 1952, LC
93 B an A, 29. Mai 1952, LC, 5. Juli 1952, LC
94 A an B, 30. Mai 1952; A an B, 6. Juni 1952; A an B, 20. Juni 1952; LC
95 A an B, 13. Juni 1952; B an A, 14. Juni 1952; A an B, 20. Juni 1952; LC
96 A an B, 13. Juni 1952, LC
97 B an A, 21. Juni 1952, LC
98 A an B, 26. Juni 1952; A an B, 1. Juli 1952; LC
99 A an B, 25. Juli 1952, LC
100 A an B, 18. Juli 1952, LC
101 A an Rev. John M. Oesterreicher, 23. August 1952, ALT
102 *Arendt/Jaspers, Briefwechsel*, op. cit., S. 368
103 A an H, 8. Mai 1954, ALT
104 A an B, 25. Mai 1955, LC
105 A an B, 14. November 1955, LC

106 B an A, Ende November 1955, LC
107 A an B, 28. November 1955, LC
108 B an A, Anfang Dezember 1955, LC
109 Ott, Hugo, op. cit., S. 305
110 *Heidegger / Blochmann, Briefwechsel*, op. cit., S. 72, 102 f., 104, 120
111 *The Heidegger Controversy*, Wolin, Hg., op. cit., S. 16
112 A an B, 28. November 1955, LC
113 A an B, 31. Oktober 1956, LC
114 *Arendt / Jaspers, Briefwechsel*, op. cit., S. 666
115 *Heidegger / Jaspers, Briefwechsel*, op. cit., S. 202
116 *The Heidegger Controversy*, S. 198, op. cit., S. 66
117 *Heidegger / Jaspers, Briefwechsel*, op. cit., S. 207–211
118 Ebd., S. 212 f.
119 Jaspers, *Notizen*, op. cit., S. 7
120 A an B, 22. und 28. Mai 1961, LC
121 A an B, 15. Mai 1958, LC
122 A an H, 28. Oktober 1960 (nicht abgeschickt), ALT
123 *Arendt / Jaspers, Briefwechsel*, op. cit., S. 484
124 Ebd., S. 494
125 Ebd., S. 496
126 Ebd., S. 663, S. 665 f.
127 Ebd., S. 669 f.
128 A an Elfride Heidegger, 17. Mai 1969, ALT
129 A an H, 28. Juli 1971, ALT
130 A an H, 26. Juli 1974, ALT

Danksagung

Mein aufrichtiger Dank gilt Hugo Ott und Inge Wissner. Außerdem möchte ich danken Anette Petersen-Brandhorst, Udo Brandhorst, Brigitte Seebacher-Brandt, Elisabeth Young-Bruehl, Maia Ettinger, Walter Grossmann, Melvyn Hill, Nina Holton, Gerald Holton, Irving Howe, Roman Kaufmann, Alfred Kazin, Kenneth R. Manning, Mary McCarthy, Misha Pankratov, Agneta Pleijel, Marcel Reich-Ranicki, Janna Malamud Smith, Fritz Stern und Aileen Ward.

Ganz besonderen Dank schulde ich meiner Lektorin Renate Dörner.

Hannah Arendt

Eichmann in Jerusalem
Ein Bericht von der Banalität des Bösen.
Mit einem Essay von Hans Mommsen.
358 Seiten. Serie Piper 308

Elemente und Ursprünge totaler Herrschaft
Antisemitismus. Imperialismus. Totalitarismus.
758 Seiten. Serie Piper 645

Macht und Gewalt
Von der Verfasserin durchgesehene Übersetzung.
Aus dem Englischen von Gisela Uellenberg.
137 Seiten. Serie Piper 1

Menschen in finsteren Zeiten
Hrsg. von Ursula Ludz.
371 Seiten. Leinen

Rahel Varnhagen
Lebensgeschichte einer deutschen Jüdin aus der Romantik.
298 Seiten. Serie Piper 230

Über die Revolution
426 Seiten. Serie Piper 1746

Vita activa oder Vom tätigen Leben
375 Seiten. Serie Piper 217

Vom Leben des Geistes
Band I: Das Denken. 224 Seiten. Frontispiz. Serie Piper 705
Band II: Das Wollen. 272 Seiten. Frontispiz. Serie Piper 706

Zwischen Vergangenheit und Zukunft
Übungen im politischen Denken I.
Hrsg. von Ursula Ludz.
440 Seiten. Serie Piper 1421

Philosophie und Politik

Ursula Kubes-Hofmann (Hg.)
Sagen, was ist
Zur Aktualität Hannah Arendts

ISBN 3-85115-191-7
184 Seiten
öS 248,-/DM 36,-/sFr 37,20

Die große Kluft zwischen Reich und Arm, Chauvinismus, Fremdenfeindlichkeit und Rassismus bestimmen heute das Zusammenleben in den Industriegesellschaften. Anstatt die Ungleichheiten und Ungerechtigkeiten zu thematisieren, um sie letztlich zu beseitigen, besteht politisches Handeln oft nur mehr in der Verwaltung sozialer und ökonomischer Ungleichheit. Die Überlegungen der politischen Philosophin Hannah Arendt zur Ethik politischen Handelns erscheinen vor diesem Hintergrund aktueller denn je.

Mit Beiträgen von Gerda Ambros, Hauke Brunkhorst, Eva Kreisky, Ekkehart Krippendorff, Ursula Kubes-Hofmann, Ina Paul-Horn und Elisabeth Young-Bruehl.